KB095602

푸른 문

— 꿈이 나를 열다

융심리학 꿈작업Dreamwork

푸른 문
— 꿈이 나를 열다

2021년 9월 24일 처음 펴냄

지은이 | 김옥희
펴낸이 | 김영호
편 집 | 김구 박연숙 정인영 김율 디자인 | 황경실
펴낸곳 | 도서출판 동연
등 록 | 제1-1383호(1992. 6. 12)
주 소 | 서울시 마포구 월드컵로 163-3
전 화 | (02)335-2630
전 송 | (02)335-2640
이메일 | yh4321@gmail.com
블로그 | https://blog.naver.com/dong-yeon-press

ISBN 978-89-6447-692-5 03180

융심리학 **꿈작업Dreamwork**

푸른 문

꿈 이 나 를 열 다

김옥희 지음

동연

　'조용하고 고즈넉한 산길을 혼자 걸어, 고색창연한 산사山寺의 일주문을 걸어 들어가는 꿈'을 들고 김옥희 선생이 나를 찾아온 것이 2018년 3월로 기억된다. 중년이 훨씬 넘은 것 같은 선생의 얼굴은 개구쟁이같이 발랄하면서도 어딘가 그늘지고 삶의 애환에 많이 시달린 것 같은 다소 지친 모습이었다. 인사를 나누고 얼마 후에 선생이 내민 첫 꿈을 보고 화들짝 놀랐다. 꿈은 고즈넉한 산길을 혼자 걸어 내면의 자기自己를 찾아 산사山寺에 걸어 들어가는 구도자求道者의 모습을 담고 있었기 때문이었다. 꿈의 전반적인 맥락도 어딘가 성스럽고 진지한 분위기를 듬뿍 풍기고 있었다. 그 첫 꿈을 들여다보면서 김옥희 선생이 걸어 나갈 앞으로의 개성화 과정이 진지하고 깊이 있는 구도求道의 길이 될 것 같은 예감을 했다.

　융 학파의 정신분석은 꿈이 중요한 도구이다. 그중에서도 분석 약속을 하고 처음으로 기억된 첫 꿈(Initial Dream)은 내담자의 분석에 대한 태도와 의식의 상황 그리고 앞으로의 예후와 연관된 많은 자료를 담고 있다. 그런 측면에서 김옥희 선생의 꿈은 이미 많은 이야기를 건네고 있어서 내 마음마저 밝아지고 있었다.

　꿈은 의식이 진정한 자기 자신을 찾도록 도움을 주는 무의식의 중요한 메시지이다. 칼 융은 "꿈은 무의식에 있는 실제상황에 대한 상징적인 형태의 자발적인 자기 초상이다"라고 말했다C. G. Jung,

The Structure and Dynamics of Psyche, 505). 그렇기에 이해되지 못한 꿈은 단지 하나의 사건으로 남지만, 이해된 꿈은 살아 있는 경험이 되는 것으로 보았다. 꿈을 통해 우리는 자신만의 신화神話를 만날 수 있는 것이다.

거리가 멀어서 매주 만나지는 못했지만, 꿈을 마음에 품고 주어진 일상의 삶을 살아나가면서, 꿈의 메시지를 자신의 삶과 연결하는 김옥희 선생의 통찰력은 감탄을 자아내게 할 정도로 놀라웠다. 삶을 진지하게 끌어안고 울고 웃으며, 운명적인 자신만의 삶의 신화神話를 멋지게 써나가는 놀라운 마력을 지니고 있었다. 그 신화의 일부가 이제 곧 한 권의 책으로 출판된다는 또 하나의 놀라운 소식을 듣고, 기꺼이 추천사를 써 주기로 약속했다.

이 책은 무의식의 메시지인 꿈을 통해서 진정한 자기(Self)를 찾아 나가려는 김옥희 선생 자신의 신화神話이다. 자신의 놀라운 변화를 체험해 나가는 진지한 모습이 자못 눈부시다. 그러므로 이 책은 평범한 일상을 살아가는 모든 사람이 자신의 진정한 모습을 찾아 나가는 데 크게 도움을 줄 것이라 믿기에 내면의 자기(Self)를 만나고 싶은 많은 분에게 일독을 권한다. 김옥희 선생의 진지한 삶의 체험과 변화가 융이 말하는 개성화(Individuation)의 길로 계속 이어지기를 기원하며, 축하의 인사와 격려의 박수를 함께 보낸다.

김정택
가톨릭 예수회 신부/서강대학교 심리학과 명예교수/융 학파 정신분석가

꿈을 스스로 이해하게 도와주는 불쏘시개

그녀는 산들바람처럼 가볍다. 무슨 말을 할지, 어떤 행동을 할지 예측하기 어려워 내심 마음이 가려울 때가 있다. 그녀가 하는 말과 행동은 정말 그녀답다. 그녀가 처음 꿈에 관해 책을 쓰겠다고 말했던 때를 기억한다. 오랫동안 자기 탐색과 치유의 길을 걸어온 그녀였지만, 꿈을 통해 자기를 이해하는 일은 녹록하지 않을 작업이었기에 나는 반신반의했다. 그러나 그녀는 그 어느 때보다 열심히 글쓰기에 매진했다. 모든 것을 글쓰기에 쏟아부었다. 내면에서 솟아오르는 자기 안의 모순을 품고 회통하며 본래의 자기를 찾기 위해 애를 썼다. 그녀는 선천적으로 자신이 하고 싶은 일을 만들어내는 탁월한 능력이 있고 이 책은 그 능력의 소산이다.

살아오면서 그녀의 카르마_{karma}는 배신과 버림받음의 트라우마_{trauma}로, 현실에 집착하는 페르소나_{persona}로, 부정적 아니무스_{animus}로 반복해서 현실과 꿈에서 나타났다. 그녀는 꿈 분석을 받고 예술치료, 상담 등 마음 관련 작업을 계속하며 자신을 온전히 이해하고자 했다. 발목을 계속 접질려도 다리를 끌며 앞으로 향했다. 그런 그녀가 60세가 넘어 비로소 꿈을 통해 자신의 내면을 본격적으로 들여다보기로 마음먹었다. 그녀에게 융의 자서전을 읽어보라고 했다. 그리고 꿈 작업을 하던 어느 날, 그녀는 자신의 삶이 명징하게 이해가 되는 통찰을 얻었다. 유레카! 어쩌면 이 책은 하나의 신탁이었는지 모른다.

인생 후반부에도 껍데기만을 중요하게 여기면 삶의 대부분을 잃게 된다. 인생 후반부는 내면으로 들어가서 '자기'(Self)를 만나야 한다. 자기를 찾아가는 과정은 그림자, 콤플렉스, 아니마와 아니무스, 원형 같은 겹겹이 둘러싸인 무의식 층을 넘어 온전한 나와 마주하는 시간이다. 자아는 꿈을 통해 무의식과 연결되고 꿈은 자기가 자아에게 보내는 메시지를 전달한다.

인생의 3분의 1은 잠자는 시간이다. 우리는 매일 밤 꿈을 꾸지만 꿈을 거의 기억하지 못한다. 무의식에 대한 이해와 보이지 않는 세계의 경험을 중요하게 여기지 않기 때문이다. 탈무드에 나오는 구절처럼 "신이 매일 밤 우리에게 연애편지를 보내주는데, 우리는 봉투도 뜯지 않은 채 버리고 만다." 그러나 시선이 바깥이 아니라 안으로 향하면 꿈 세계가 활성화된다. 살면서 풀리지 않는 문제가 있다면 꿈에게 물어봐야 한다. 문제에 대한 고민이 깊어지면 그것이 질문이 되고 무의식이 반응한다.

무의식의 전령인 꿈은 꿈을 꾼이가 잘 살아가도록 돕는다. 꿈은 자아가 자기에게 도달하도록 안내하는 내면의 가이드다. 스스로 꿈을 들여다보고, 꿈속에 나타난 무의식적 요소를 현실과 연결하고 해석해봐야 비로소 내가 누군지 이해할 수 있다. 꿈을 통해 자기 이해가 되면 행동에 영향을 준다. 융이 말한 것처럼 이해되지 못한 꿈은 단지 하나의 사건으로 남지만, 이해된 꿈은 살아있는 경험이 된다.

돌이켜보면 나 또한 삶의 중요한 길목마다 인상적인 꿈을 꾸었다. 어두운 그림자에 사로잡힐 때는 쓰나미가 밀려오는 꿈을 반복해서 꾸었다. 삶의 전환기에 무의식에 자리 잡았던 두렵고 낯선 부분을 받아들이자 스승님(현자)이 찾아와 위로해주는 꿈을 꾸기도 했다. 중요한 꿈을 꿀 때마다 꿈의 메시지에 귀 기울이고 그 의미를 깨닫고자 했다. 꿈이 전달하는 메시지를 구체적인 삶 속에서 온전히 이해하고 싶었다. 마침내 이런 소망을 충족시켜줄 마땅한 책을 찾았다. 바로 이 책이다. 이 책은 저자가 꿈과 삶을 오버래핑시키는 전 과정을 용기내어 솔직하게 보여준다. 꿈을 꾼 사람이 직접 꿈의 의미를 느끼고 이해하도록 도와준다.

이 책은 평범한 사람이 꿈을 통해 스스로 자기를 찾고 변화하는 과정을 담고 있다. 꿈에 대해 어떤 태도를 가져야 하는지, 꿈이 주는 메시지를 어떻게 해석하고 삶과 연결시켜야 하는지를 그림처럼 선명하게 보여준다. 이것이 이 책이 주는 실용적 혜택이다. 나는 이제 그녀가 상처와 치유 사이에서 더 이상 횡보하지 않고 '상처받은 치유자'로서의 길을 걸어갈 것이라 믿는다. 그녀는 내면의 북소리를 따라 맑은 시냇물처럼 흘러갈 것이다.

오병곤

더자기(The Self)연구소 대표/작가/IT 기술사

꿈이 내게 말을 걸어올 때

◆ 내가 나 자신의 꿈을 이해하는지 못하는지는 별로 중요하지 않다고 말한 적이 있습니다. 중요한 것은 꿈이 나를 이해하는 것입니다. 꿈에 대한 나의 태도가 나에 대한 꿈의 태도를 결정합니다. 그것은 살아 있는 대화입니다. 우리가 꿈에 귀 기울일 때 우리는 변화하고, 꿈이 우리에게 귀 기울일 때 꿈이 변합니다.

_ 마리 루이제 폰 프란츠, 『융 학파의 꿈 해석』

가끔 꿈을 통해 무의식을 만나는 게 신기했지만, 힘들고 지루한 작업이었다. 심리 전문가와 꿈을 분석하며 깨우치는 순간이 있긴 했지만 어려웠다. 어느 날 뜬금없이 책을 쓰겠다고 마음을 먹게 되었다. "무엇을 쓸 거냐?"는 글쓰기 선생님의 질문에 "꿈과 현실을 함께 펼쳐 보겠다"라고 무심코 대답해버렸다. 아무런 준비도 없이 나온 말이었는데 선생님은 대뜸 '융의 자서전'을 읽어보는 게 좋겠다고 하셨다. 얼마 전에도 융을 읽으라는 후배의 권유를 어려워서 싫다고 거절했는데 꿈에 관해 쓰겠다고 했으니 융을 읽을 수밖에 없게 되었다. 사다 놓고 읽지 못한 융의 자서전 『기억 꿈 사상』을 읽기 시작했다.

반복되는 내 꿈에 대한 통찰이 일어나는 놀라운 경험은 융의 자서전을 반쯤 읽었을 때였다. 어느 날 아침, 잠에서 깨어 누운 상태였다. 그 이해의 순간이 예고도 없이 꿈처럼 찾아왔다. 남편이 나를 배신하는 반복된 꿈이 사실은 내가 나를 배신하고 있다는 걸 알려주는 메시지였다는 자각이 일었다. 그 자각은 아프면서도 절실한 전환이 되었고, 이 책을 계속 쓸 용기를 주었다.

혼자 남겨지는 두려움은 나의 현실이었고, 반복되는 꿈의 내용이기도 했다. 그렇다면 꿈이 먼저일까, 현실이 먼저일까? 꿈이 현실을 반복하여 드러내 준 것은 그 두려움이 현실 이전에 시작된 이야기라는 걸 알려주고 싶었던 것은 아닐까? 나는 융의 책들을 읽고 꿈을 기록하면서 내면의 깊은 음성을 들었다. '아무도 너를 버린 적이 없다. 너 자신이 너를 버리고 있다는 걸 알아야 한다. 그래서 네가 버린 사람 앞에서도 너는 자신이 버림받았다고 생각한다.'

서른 초반에 심리 상담을 받고 공부를 시작하면서 중요한 길목마다 잘못 가고 있다는 생각을 했다. 마흔 살에 폐렴에 걸려 삼 년을 연달아 며칠씩 입원했고, 그 후로도 계속 발목을 접질러서 깁스하고 다니는 게 내 패션이 될 정도였다. 꿈속에서는 나를 버리고 가는 남편과 잃어버리는 아이와 귀신같은 젊은 여자들이 방안으로 스며들어 왔다. 그런데도 나는 내면의 소리를 듣지 않고 다리를 절룩거리며 보이는 세상으로만 향했다.

삶은 부드럽게 흐르고 친절한 것이어야 한다고 생각했다. 그러나 아무리 좋은 생각을 해도 우리 부부는 각자 떠돌고, 아이들은 행복하지 않았다. 그때, 꿈이 우리가 삶에서 어떻게 의미를 찾을 것인지, 저마다의 운명을 어떻게 이행해나갈 것인지, 우리 안에 있는 더 큰 잠재력을 어떻게 깨달을 수 있는지 보여준다는 융의 말이 떠올랐다. 어려워서 포기했던 융의 사상과 꿈이 길을 놓친 내 앞에 우뚝 서 있었다. 어쩔 수 없이 무의식으로 눈을 돌리게 된 것은 삶에 대한 대답이며 은총이었다.

그동안 기록했던 꿈을 살펴보며 두고 온 것들, 피해버린 것들을 다시 보기로 했다. "나는 누구이고 지금 어디로 가고 있는가"라는 질문을 내놓고 해보기로 했다. 하찮다며 버려두었던 꿈 조각들을 탐색하며 나를 이해하는 시간이 시작되었다. 흐려진 시간의 허물 위에서 '융의 자서전'을 읽으며 비로소 이해되는 꿈의 음성에 많이 울었다. 수없이 들었던 말처럼, 해답은 내 안에 있었다. 내가 헤맸던 원인은 바깥에 있지 않았다. 꿈속의 할머니는 끝없이 나를 지켜주고 보호했으며, 꿈속의 아이는 내 뒤를 따라다니며 돌아봐 주기를 기다렸다. 자꾸만 집안으로 스며들어 오던 젊은 여자들 그리고 꿈속에 남편으로 나오는 아니무스Animus도 나를 도와주고 싶어 했다. 꿈 밖으로 도느라고 나만 몰랐다.

꿈에 대한 글을 쓰기로 하고 나서 인상적인 꿈을 꾸었다. 친구를 찾느라고 두리번거릴 때마다 문고리에 푸른 겉옷이 걸린 문이 눈앞에 나타나는 꿈이었다. 문이 나타나는 장면이 세 번인지 네 번인지는 모르겠다. 푸른색 겉옷은 친구의 옷이었고, 결국 혼자 집으로 돌아오는 꿈이었다. 늘 그렇듯이 꿈을 잊어버렸는데 다음 날 꿈에 나왔던 친구로부터 전화가 왔다. 우리 집 근처에 멋진 찻집이 생겼다며 같이 가보자는 이야기였다.

전화를 받는 순간 나는 꿈을 기억했고, 놀랍게도 친구와 처음으로 간 찻집 이름이 '푸른 응접실'이었다. 입구의 한쪽 쪽문은 푸른색으로 칠해져 있고, 정원에는 푸른색 의자가 두 개 놓여 있었다. 꿈과 서로 다른 실제 사건이 동시에 일어나는 동시성(synchronicity)이 현실에서 드러나고 있었다. 푸른 옷이 걸려 있던 문이 중요한 뜻을 내포하고 있다는 걸 알려주고 있으며, 꿈속에서 문을 열고 들어 가야 하는데, 문을 열기 위해서는 푸른 옷이 주는 의미를 이해해야 한다는 생각이 들었다.

며칠 후 잠에서 깨어나며 갑자기 '리어왕'이 떠올랐다. 푸른 문은 두 딸에게 배신당하고 폭풍 속에서 울부짖던 리어왕의 참담함과 죽은 막내딸을 껴안고 통곡하는 아버지의 비극을 가리키고 있었다. 리어왕이 두 딸의 감언이설에 속아 비극이 시작된 것은 눈이 흐려져 자신을 보지 못했기 때문이다. 그때 내 안에서 열리지 못한 오래된 배신의 이야기와 연결되었다는 걸 직감했다. 나는 과연 그 문이 열리는 걸 볼 수 있을까? 꿈을 믿고 따라가다 보면 '진정한 나'(Self)를 만날 수 있을 것이라는 믿음으로 길을 나선다. 꿈이 무의식의 문을 열어준다는 말을 믿는다. 이 책은 그 믿음의 기록이다.

꿈속에 자주 나타나던 할머니는 지혜로운 안내자다. 나를 지켜보며 자기(Self)의 길로 이끌어 주기 위해서 나의 자아(Ego)가 귀 기울이기를 기다리는 할머니다. 그러나 내 안에는 순수하지만 제멋대로 하는 '영원한 소녀'의 모습이 있다. 글을 쓰면서 꿈속에서 여성으로 나타나던 그림자들은 젊고 도움을 주는 남자로 변화하고, 할머니는 할아버지로 바뀌었다. 새로워진 꿈이 또 다른 이야기를 시작하여 더 커진 그림자를 만나고, 예전의 꿈이 다시 나타나기도 했다. 꿈이 보여주는 여정의 끝은 알 수 없고, 아마도 끝이 없을 것이다. 사람들이 꿈을 통해 진정한 자신을 만난다는 사실은 심리학자들에 의해 무수히 연구되고 발견되어왔다.

이 책을 읽는 독자가 자기 이해를 위한 방법의 하나로 꿈을 기억하고 이해하면서 그 이해가 무의식의 문을 열게 되는 계기가 되었으면 좋겠다. 꿈이 우리를 자신만의 푸른 문으로 인도하고 그 문이 열리는 계기가 되기를 진정으로 바란다.

꿈과 책 쓰기라는 긴 여정에 융 학파 정신분석가인 김정택 신부님께서 든든하게 지켜주시고 함께해 주셨다. 꿈속에서 안내자인 할아버지가 도움을 주었듯이 현실에서는 신부님께서 지혜로운 노현자老賢者의 역할을 해주셨다. 이끌어 주는 안내자 없이 혼자서는 결코 떠날 수도 없고 도달할 수도 없는 과정이었다.

차 례

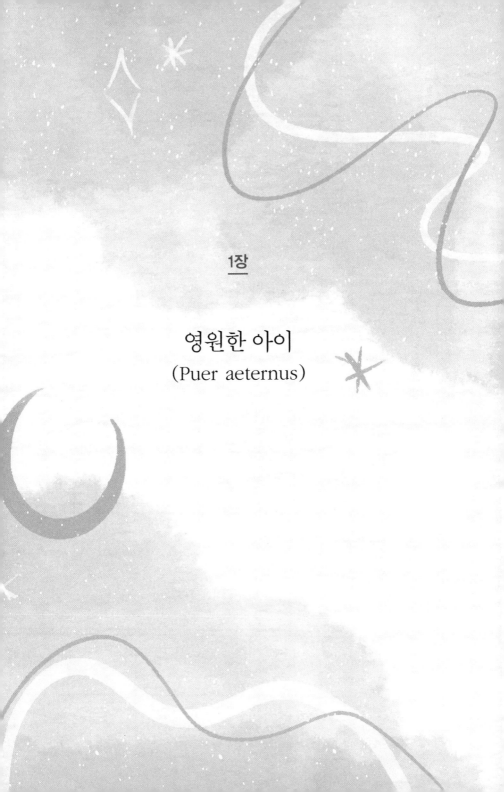

1장

영원한 아이
(Puer aeternus)

어른이 되었지만, 여전히 아이처럼 살아간다

'영원한 소년'(Puer aeternus)이라는 말은 융의 분석심리학에서 사용하는 용어로 성인이 되어서도 부모 콤플렉스의 영향으로 여전히 아이처럼 살아가는 사람을 상징하는 말이다. 심리적으로 부모로부터 독립하지 못하고 뜬구름 잡는 삶을 살아가는 사람을 말한다. '영원한 아이'는 땅에 발을 딛지 못하고 공중에 떠다니는 불안정한 삶을 살아간다. 지금까지의 삶을 돌이켜보면, 나는 융의 '영원한 아이'를 똑 닮았다. 흥미 없는 일과 반복적인 일을 싫어해서 청소 등 집안 정리 정돈이 어렵다. 규칙을 지키지 못해서 자동차 과속 벌금을 많이 낸다. 남편 말에 의하면 단속하는 구간에서 내가 갑자기 속력을 내는 습관이 있다고 한다. 지루하고 권위적인 이야기를 듣는 자리에는 앉아 있기 힘들다.

1장은 어린 시절부터 할머니가 된 지금까지의 내적 경험과 무의식적 태도를 고백한 이야기이다. 콤플렉스를 만든 정신적, 육체적 외상을 드러냈다. 어린아이가 가족 관계에서 경험하는 상처는 콤플렉스의 중요한 형태를 만든다. 특히 어머니와 딸의 관계에서 놀랄 만큼 유사한 형태의 콤플렉스가 나타난다고 한다. 우리가 콤플렉스를 감추려고 쓰는 가면은 몇 개의 페르소나가 된다.

영원한 아이인 내 꿈속에 할머니가 계속 나타난 것은 노인의 지혜와 영원한 아이가 전체를 이루는 대극쌍임을 보여준다. 꿈속의 안내자인 할머니와 함께 하는 영원한 아이의 여정은 무의식을 통해 의식에서도 이루어질 것이다. 융과 할머니를 믿고 따라간다면 꿈속의 그림자를 만나고 성숙한 아니마, 아니무스와 함께 원형상징에 도달할 것이다. 무의식의 여정이 현실에서는 어떤 모습으로 나타날지 궁금하다.

우리는 모두 어렸을 적 경험이 현재의 나를 구성하고 있다는 것을 알고 있으나 제대로 들여다본 적은 거의 없다. 현실을 살아가면서 어린아이 같은 모습이 나도 모르게 나올 때가 있다. 어릴 적 나의 경험을 반추해보고, 현재의 생각과 행동에 미치고 있는 부분이 무엇인지 탐색해보는 것은 자신을 알고 찾아가는 과정에서 우선적으로 꼭 필요한 일이다.

온순한 듯하나, 난폭한 아이

초등학교 3학년 때였다. 뒤에 앉은 친구랑 떠들었다고 담임 선생님이 앞으로 나오게 해서 회초리로 손바닥을 때렸다. 그런데 9살이었던 내가 선생님이 들고 있는 회초리를 뺏어서 반으로 분질러 던져버리고 교실에서 나와 버렸다. 다음 날부터 학교 안 간다고 울며불며 버텼지만, 엄마의 손에 잡혀 교실 앞까지 질질 끌려갔다.

선생님을 보는 게 힘들었던 나는 아버지가 수업하는 교실 앞문을 드르륵 열어서 전학시켜달라고 소리치기도 했다. 씩씩거리며 열었던 미닫이 문소리가 지금도 들리는 듯하다. 3학년 통신표에는 '온순한 듯하나, 난폭한 면이 있음'이라고 쓰여 있었다.

그렇게 학교에서 처지가 곤란해진 나는 도피의 방법으로 도서관에서 책을 읽는 것을 선택했다. 지은 죄도 있고 해서 위인전을 열심히 읽기 시작했다. 거기에는 뛰어난 삶이 있었다. 그러나 문제는 그 위인들 모두가 어릴 때부터 지혜롭고 너그러웠다는 사실이었다. 나는 영리하지도 않고 미모가 좋은 편도 아닌데다가 성격 나쁜 것도 온 동네에 소문이 퍼져 있었다. 훌륭한 위인이 될 수 없다는 사실에 더욱 기가 죽었다. 두꺼운 위인전집을 다 읽고 그들의 일대기까지 노트에 베끼는 투혼을 발휘했지만, 타고난 재능이 없어서 훌륭한 사람이 될 수 없다는 걸 알게 되었다. 그래도 살다가 재능이 있다는 말을 듣게 된 일이 있었는데 나는 그 재능을 극구 부인했고 노력도 하지 않아서 스스로를 좌절시켰다. 재능은 저절로 피어나는 꽃 같은 것이어서 그것이 나일 리가 없다고 생각했다.

아버지한테 3학년 때 이야기를 하면서 통신표에 '온순한 듯하나, 난폭한 면이 있음'이라고 쓰여 있다고 했더니 "오오, 맞네" 하셨다. "아버지, 나도 그 말이 맞다고 생각해요. 어떻게 선생님은 그 시절에 지금 봐도 딱 떨어지는 문장을 썼을까요? 내가 생각해도 지금도 나는 온순한 듯하나, 난폭한 면이 있어요. 아버지, 그래도 딸한테 단박에 맞는다 하면 안 되죠. 딸에게는 그 선생이 못됐다 하고, 너는 그렇지 않다고 위로해야 하지 않아요?"

슬프고 창피한 소녀

막내 이모가 결혼하자 혼자 남은 외할머니를 위해 큰손녀인 내가 6학년 2학기 때 영보에서 구림으로 전학을 갔다. 외할머니 손을 잡고 자주 드나들던 큰집은 진외가라고 불렀는데, 구림에서 가장 큰 집이어서 공산군이 밀고 들어왔을 때 본부로 쓰였다고 했다. 엄청 넓은 정원과 별채가 있던 마당에 아무렇게나 자란 나무와 풀들도 기억이 난다. 별채에는 친척 언니가 있었다.

친척 언니의 엄마는 외할머니의 사촌 올케였는데, 남로당으로 몰려 굴속에 숨어 있던 남편과 사촌 형제의 밥을 갖다주러 가다가 경찰에게 들켰다고 한다. 굴의 위치를 알려줄 수밖에 없었던 그 엄마는 남정네들과 함께 그 자리에서 총에 맞아 죽었다. 그중 한 명이 외할머니의 오빠였다. 외할머니가 죽은 엄마 등에 업혀 있던 아기를 데려와 키웠다고 했다. 그러다 몇 달 후 외할머니 꿈에 나타난 그 엄마가 아기를 업어 데려갔는데, 다음날 아기도 죽었다고 했다. 나는 그 이야기가 너무 슬펐다. 꿈에서 아기를 데리러 온 그 엄마의 모습이 마치 직접 본 것처럼 눈에 선하고 슬퍼서 몰래 눈물을 흘렸다. 가끔지 않은 넓은 정원과 마른 호수가 있던 옛날 집이 슬픈 아기 이야기와 함께 기억 속에 남아 있다. 루이제 폰 프란츠의 『꿈과 죽음』을 보면 죽어가는 사람을 데리러 오는 타자는 '어머니 또는 배우자'가 가장 흔하다고 쓰여 있다.

초등학교를 졸업하고 중학교는 광주로 입학해서 아예 외할머니와 살기 시작했다. 수녀님이 교장이었던 가톨릭계 여중에 합격해서 광주에서 직장 생활을 하고 있던 외삼촌과 살림을 합친 셈이었다. 우리 방 앞에는 네모난 정원이 있었는데 샐비어 붉은 꽃이 가득 피었고, 나팔꽃도 피었다. 비 오는 날 우산을 쓰고 쪼그려 앉아서 나팔꽃을 바라보던 생각이 난다.

종교에 관심이 없는 아버지였기 때문에 아마 제대로 알아보지도 않고 가톨릭에서 운영하는 여학교를 보낸 것 같다. 그때부터 나는 열렬한 신자가 되지도 못하면서 성당을 외면하지도 못하는 처지가 되었고, 급하면 주기도문부터 외우고 보는 신심을 갖게 되었다. 교장 수녀님은 높은 단상에서 늘 '사랑하는 학생 여러분'으로 훈화를 시작했는데 직접 교리를 가르치는 수녀님은 차갑고 사랑이 없는 것 같아 실망스러웠다. 지금 생각하니 논리적 성향의 수녀님을 의심한 것은 감정적인 엄마에게 익숙한 연유였던 것 같다.

붉은 샐비어 꽃이 보이는 마루에서 시골에서 올라온 엄마가 가정 방문을 온 1학년 담임 선생님과 반장을 만났다. 엄마가 선생님을 붙잡고 내가 얼마나 게으르고 성격이 못되었는지를 늘어놓는 바람에 창피해서 죽을 것 같았던 기억이 있다. 그때 생각을 하면 지금도 머리가 어지럽다. 나는 그런 엄마가 안 되려고 했는데 다른 사람한테 자기 흉을 본다면서 딸 로사는 나한테 성질을 부렸었다. 나는 그런 말이 아니었다며 억울해했는데, 지금 생각해보니 딸이 그럴만했겠다. 나는 처음 보는 선생님과 친구한테 못된 아이로 보이는 게 정말 죽도록 창피했었다. 해결되지 못한 내 수치심을 딸을 은근히 비난함으로 처리하려 했다.

중학교 때도 습관처럼 책을 읽었는데 주로 소설을 읽었다. 소설속 주인공들도 모두 뭔가 특별한 점이 있어서 좌절감은 더 심해졌다. 하다못해 부잔데 창백하고 아프거나, 가난한데 성실하고 착하거나, 요술 할머니를 만나는 기회가 있었다. 내 평범함과 기회 없음에 한없이 실망했다. 책과 현실의 괴리 속에서 특별한 것이라고는 없는 내가 너무 초라하게 느껴졌다. 세상을 점점 부정적으로 보고 시야를 좁게 만들고 있었다. 그렇게 닫혀버린 마음이 열리기 위해서는 고통이 필요했을까. 닫힌 마음이 열리기 위해서 외부의 고통은 더 커지고 되풀이되고, 더 충격적인 사건이 필요했던 것 같다. 비극적 정서에 사로잡힌 나는 무의식이 어떤 역할을 하는지 궁금해졌다. 나는 늘 알 수 없는 우월감을 지니고 있으면서도 열등감과 혼란한 마음도 갖고 있어서 낯선 도시와 가톨릭 여학교에 적응하지 못했다.

독사 같은 년

　엄마는 여고생인 나에게 '독새 같은 년'이라고 욕을 했다. 독새가 '독한 새'인 줄 알고 있다가 오십이 넘어서야 독새가 독사의 사투리였다는 걸 알고 웃었다. 친엄마한테 '독사 같은 년'이란 말을 듣고 살았다는 사실을 외면하고 싶었던 노력이 독새를 독수리로 오해하게 했다. 그렇게 오해하며 살았고 그래서 또한 오해를 받았다.

　"좋것다. 너는 학교도 다니고." 엄마의 그 말이 '독사 같은 년'이라는 말보다 더 끔찍하고 무서웠다. 그날 학교를 마치고 집에 오다가 우리 학교 옆 남학교 학생들을 따라서 빵집에 갔다. 집에 데려다준다고 해서 택시를 탔다. 도착한 곳은 도시의 외곽이었다. 7월이었던가. 어느 학교인지 금방 알 수 있는 흰 블라우스와 검정 치마 교복을 입은 나는 책가방을 꽉 쥔 채 두리번거리고 있다가 한 번도 와본 적이 없는 장소에서 통금 사이렌 소리를 들었다. 여름이었는데 추웠다. 남학생들에게 끌려가며 친구는 소리를 질렀는데, 나는 내 입을 틀어막고 있었다. "내 친구 좀 살려주세요." 갸륵하게도 내가 그랬다. 나를 살려달라고 하지 않았다.

나중에 생각하니 어렸을 때 위인전을 너무 많이 읽었던 탓이었다. 위인들은 하나같이 어려서부터 참을성이 많고 타인을 위해 희생하는 걸 봐서 나는 하나라도 해보려고 했고, 하필이면 그날이었던 거다.

범행 현장을 찾아서 다시 그 장소로 돌아가는 범인처럼 나는 골목길을 뒤지고 다녔다. 여기였던가? 이곳에서 왼쪽 골목으로 돌면 네가 걸어올까? 뭔가를 찾아다니던 버릇이 그때부터였나 분명치 않지만, 잃어버린 것을 찾아내야 할 것 같은, 막연하지만 그런 마음이 처음으로 드러난 것 같았다. 만나야할 것만 같았다. 내가 누군지 알려주고 싶었던 것 같다. 내가 누구인지를 확인하고 싶었다. 그 골목에 살던 귀신들은 내가 자기네 친구인 줄 알았을 것 같다. 눈빛은 초점 없이 비었는데 모른 척하니까 벙어리 귀신이구나 했을 거다. 그때 골목을 헤매다가 가슴에 콕 박히는 유행가를 들었다. 〈뒷골목 그늘에서 눈물 흘리며 검은 머리 쓰다듬는 여인이지만, 태양이여 나에게도 비춰 주소서. 태양이여 나에게도 비춰 주소서.〉

사랑받지 못한 나를 숨기느라고 수치심에 익숙해졌다. 나는 늘 화가 났고, 부정적인 감정을 느꼈기 때문에 내가 나쁜 사람이라고 생각하게 되었다.

넌 나쁜 사람이 아니야, 넌 아주 좋은 사람인데 나쁜 일을 겪었던 거야.

어디선가 읽은 이 문장이 가슴 뭉클하긴 했다. 그러나 내가 나쁜 일을 겪은 사람이라는 것이 창피했다. 결국 내가 나쁜 사람이라는 생각에서 벗어나기는 어려웠다.

딱딱한 의존

차를 타려다가 길가에 진한 보라색 풀꽃을 보았다. 보라색의 특별함에 꽃을 가만히 쳐다보다 불현듯 황매화가 떠올랐다. 계룡산 갑사 입구 양쪽에는 노란색 황매화가 핀다. 어느 봄날, 우연히 그 노란 꽃을 보며 조금 휘청했다. 이승이 아니고 저승이어야 할 것 같아 멀미가 났다. 노란 꽃길 끝에 열린 절 입구가 더욱 다른 세상을 열어 보이는 것 같았다. 노란색 꽃이 저승을 보여주는 것 같았다.

노란색에 대한 인상을 색채심리 공부를 하며 조금 이해할 수 있었다. 노란색에 대한 개인적 연상을 나누는데, 나만 전혀 다른 이야기를 하는 거였다. 다른 사람들은 노란색에 대하여 따스함, 포근함, 병아리 등을 떠올리는데, 나만 혼자서 딱딱함, 네모 상자, 이승이 아닌 저승, 아스라함을 떠올렸다. 노란색에 대한 느낌과 개념이 나만 다르다는 걸 처음 알게 된 시간이었다. 다른 사람들이 노란색이 따스하다고 느낀다는 말에 깜짝 놀랐다. 계속된 수업에서 내가 어린 시절 애착 관계를 노란색으로 표현하고 있다는 걸 알았다. 노란색은 엄마에 대한 아기의 의존이었고 나는 의존을 딱딱하게 느낀 것이었다.

헌 옷을 버리는 수거함 위에 하얀 도자기 인형이 버려져 있는 게 눈에 띄었다. 상한 구석이 없어서 가질 사람을 찾느라 올려놓았나 싶었다. 볼때기는 볼록하고, 눈을 내려 떠서 불만이 가득해 보이지만, 입꼬리는 좀 억지로 올리려고 한 얼굴, 이미 전의는 상실했지만, 입술은 들썩여 한마디는 하고 싶은 얼굴이었다. 아이의 책상에 놓여 있다면 사랑받는 모습으로 보일 수 있는데, 녹슨 헌 옷 수거함 위에서는 처량해 보였다. 저리 버려져서도 깨지지 않고 착한 척하는 표정을 고수하면서도 과도하게 순종적인 인형의 표정이 여러 가지 투사를 불러일으켰다.

'정녕 그 모습이 너의 정체성이냐. 그렇게 유지하던 삶에서 버림받았을 때도 그렇게 잠자코 끝나는 거냐. 사실은 너의 방법이 잘못되었다고 후회는 하냐. 세상은 모를 거라 챙긴 너의 욕망이 만족스러운 적은 있었어. 눈을 내리깔고 깔끔하고 순진한 척 살다가 결국 더러운 데 놓인 기분은 어떠니. 네가 진짜 두려워한 건 온전하게 버려지는 거였니. 차라리 깨져서 박살이 나는 게 더 낫지 않겠어. 드러나 버린 불쌍함, 그래도 눈을 뜨지 않고 오래 사는 게 너의 꿈이었니.'

인연

104세로 입원 중인 할아버지가 95세 할머니에게 발렌타인 장미를 선물하는 사진을 보았다. 어여쁜 시절에 받아보지 못한 저 꽃 한 송이를 늙어서는 받아보리라 결심하게 하는 사진이었다. 우리 집 할아버지를 사랑해보리라. 사랑스러운 할머니가 되어 기어이 장미 한 송이를 받아보리라.

엄청나게 잘생긴 치과대학 남학생이 입원했다는 소문에 친구들과 병실로 몰려간 것은 학생 간호사로 처음 실습 나갔던 기간이었다. 병실에 들어서며 침대 머리맡에 서 있는 검은 양복에 검은 폴라 티를 입은 남학생을 먼저 발견했다. 내가 기대했던 얼굴이 하얗고 잘생긴 환자는 아예 안 보였다. 이 죽일 놈의 운명이여, 내가 입은 하얀 실습복과 대조되는 검정 양복을 입은 남학생이 거기 있었다.

다음 날은 친구랑 병원 구내식당으로 가고 있는데, 왼쪽 계단에서 한 무리 남학생들이 갑자기 나타났다. 거기에 또 베이지색 바지와 점퍼에 붉은색 티셔츠를 입고 바지 호주머니에 손을 찌르고 내려오는 남학생이 보였다. 친구 옆구리를 찌르며 내가 물었다.

"쟤 누구여?"

"어제 병실에서 본 남학생이야, 검은 옷 입었던 애."

"나, 쟤 만날래. 부잣집 아들인 지 알아봐 줘."

솔직히 어제 본 사람이랑 오늘 본 사람이 연결은 안 되었다. 어제는 좀 분위기가 어두웠고 오늘은 가벼워 보였다. 지금 생각하면 공통되게 고집스러워 보이는 인상이었지만 그때는 잘 몰랐다. 생각하니 다른 친구들과 같이 있지 않고 따로 혼자라는 느낌도 강했다. 그것도 살아보고 알게 된 것과 합쳐서 유추된 인상일 수도 있긴 하다.

병실에서 남편을 처음 만났던 날, 입원했던 남편의 후배는 유리창을 손으로 쳐서 손목 수술 때문에 입원한 거였다. 그 후배 때문에 남편과 첫 만남이 이루어졌다. 그런데 1년 후에 나도 유리창을 쳤고 똑같이 손목 수술을 하는 일이 생겼다. 그때 남자친구였던 남편은 자기가 다쳐야 할 사람인데 내가 다쳤다는 생각이 들었다고 했다. 남편은 자신이 벌을 받아야만 하는 사람이라는 느낌으로 젊음을 보내는 중이었고, 나는 오른손을 붕대로 감은 채 비틀대는 청춘을 보내고 있었다.

일 년 정도 만나다가 물었다.

"너희 집 부자라더니 넌 왜 돈이 없어?"

"우리 집 변두리에 밭이랑 논 같은 땅이 많이 있는데 현금은 없어."

그렇구나, 땅값 오르기를 기다리는 땅 부잣집 둘째 아들이었구나. 친구가 알아보고 알부자라고 해서 만난 거였는데, 팔지 못하는 땅을 갖고 있다는 정보였다.

　내가 나름 세운 삶의 계획은 돈 때문에 싸우는 부모처럼 안 살고 행복하려면 부잣집으로 시집가는 거였다. 스스로 유능해져서 돈을 벌고 세상을 개척해 나가야겠다는 생각은 추호도 해보지 못한 것은 '영원한 소녀'의 특성 때문이었던 모양이다. 부모님이 '영원한 소년, 소녀'의 그림자였듯이, 나도 남편도 '영원한 소년, 소녀'였다는 걸 알게 된 건 60이 넘어서였다. 그리고 무의식적 정보는 정확했다. 남편은 집 없는 떠돌이였고, 나는 가는 남편을 붙잡으려고 애 쓰는 비련의 여주인공 역할이었다. 남편을 쫓아다니느라 아이를 잃어버리는 것은 나의 반복된 악몽이었고, 그 꿈에서 깨어나지 못했던 나는 꿈을 현실로 만들어버렸다. 그것은 내 부모의 삶이기도 했다. 지내놓고 보니 거짓말처럼 아버지 같은 남자를 만나서 엄마같이 살았다.

개구리 원형과 초록색 투피스

이메일 계정을 만들었던 나이가 44살이었다. 그때쯤 아마도 시를 쓴다고 컴퓨터 앞에 앉았던 나는 잠깐 앉은 채로 정신을 잃듯이 깜빡했다. 잠이 들었다고는 할 수 없는 상태였다.

그렇게 앉은 자세 그대로 내 왼쪽 어깨에 붙은 뭔가를 오른손으로 떼어내듯이 해서 팽개쳤다. 그리고 발밑에 떨어진 초록색 개구리 같기도 하고, 두꺼비 같기도 한 파충류의 눈과 내 눈이 딱 마주쳤다. 눈을 마주치고 나서 나는 여전히 앉은 상태로 정신이 돌아와 발밑을 살폈다. 내 이야기를 들은 친구가 "너한테서 업장 같은 게 하나 떨어져 나갔나 보다" 했다. 나는 "음, 영화에서 귀신이 사람 어깨에 올라 있는 걸 봤는데 역시 그렇군" 했다. 그러니까 그 개구리 모습이 사람 얼굴의 느낌이 있어서 덩치가 컸으면 슈렉이라고 했을 법했다.

초록색 슈렉이 나오는 미녀와 야수 영화도 봤는데, 남 이야기 같지 않아서 열심히 봤던 기억도 있다. 마법에 걸린 개구리 원형은 사회적 관계의 필요성과 고유한 성격을 찾아가는 것과 관련이 있다고 했다. 또한 그림자 모습에서 변화가 가능할 수 있도록 오래된 신화를 자신 안에서 기억해내야 할 필요가 있다고 했다. 그 신화는 내가 추한 얼굴을 갖은 마녀라는 것을 인정하라는 내용이었는데 그때는 못 알아들었다. 나는 그때 막 밖으로 한 발을 내밀었고, 내가 얼마나 괜찮은 사람인지 보여주고 싶어 안달이 나 있을 시기였다.

성배에 담긴 개구리와 파충류에 대한 여인의 꿈에 대해 융은 "가장 높은 곳으로 올라가기 위해서는 가장 낮은 곳을 통과해야 한다"고 해석해 주었다. 대낮에 환영으로 나타난 초록색 개구리가 성장과 변화의 상징을 알려준 것이 놀랍기도 했지만, 알려줘도 알아듣지 못하고 무시했다. 따뜻한 피와 아름다운 목소리를 갖고 있는 것처럼 처신한 내 거짓에 대해서도 놀랍다. 바닥없는 부족감과 채울 수 없는 공허였다.

어떤 친구는 아예 "그러고 보니 너 개구리 좀 닮았다"는 소리도 했는데, 사실 내가 여고를 졸업하고 사복을 입게 되었을 때, 고심해서 고른 옷 색깔이 초록색이었다. 초록색 투피스를 사서 초록색 구두, 초록색 가방까지 맞춰서 들고 다녔다. 색깔을 맞추는 게 어려워서 그냥 쉽게 같은 색깔로 통일을 시키겠다는 의지였다. 정장이 초록색 한 벌뿐이고 더 이상 옷을 사주지 않아서 3년 동안 봄과 가을에 그 옷을 입고 다녔다. 구두와 가방만 다른 색깔이었어도 덜 끔찍했을 텐데, 융통성 없던 스무 살의 나는 그렇게 초록색으로 버텼다. 그다음에 겨우 장만한 옷은 비슷한 모양의 갈색 투피스였고 그 옷도 3년은 더 입어야 했다. 그래서 그다음 30년 동안은 초록색과 갈색의 옷은 끔찍해서 절대 입지 않았다. 개구리 색깔 옷을 이미 입고 다녔다는 이야기이다.

허공으로 다리를 쳐들고

자다 보면 엎드려서 두 무릎을 꺾고 허공으로 두 다리를 쳐들고 있을 때가 있다. 지금은 아니지만, 예전에 그런 상태로 잠이 깨면 무릎이 뻣뻣해서 다리를 내려놓기도 어려웠다. 다리의 긴장은 발가락까지 연결된 듯 발가락도 바닥에 꼭 눌러지지 않았다. 까치발을 해서 위를 향하는 동작은 익숙하고 잘한다. 그러나 바닥을 온전히 딛으려면 발바닥을 약간 비틀어야 한다. 발목을 네다섯 번 접질려서 깁스를 했기 때문이기도 하다. 무슨 사연이 있어서 그렇게 고난도 동작으로 잠을 잤는지, 참 어렵게 살았다.

신체 은유에서 다리와 발은 세상이라는 공간을 걷고, 뛰고, 방향을 바꾸며 실천하는 기능을 행한다. 또 발등과 발가락의 근육들이 잘 이완되어야 땅을 단단하게 딛는 감각을 자기 것으로 만들 수 있다. 이럴 때 안전함과 안정감이라는 감정이 만들어진다.

다리와 발이 바닥에 착 붙어 있는 상태는 큰 나무가 뿌리를 잘 내려 비바람에 흔들리지 않는 상태로 은유 된다. 몸이 이런 상태가 되면 주변 사람들은 '저 사람은 뿌리가 잘 내려져 탄탄하구나, 저 사람을 믿을 수 있을 것 같다'는 암묵적인 신호를 느끼게 된다.

나의 발가락은 오래도록 긴장 상태를 기억하고 있었던 것 같다. 인도여행 중에 맨발로 찍은 사진을 보면 엄지발가락 하나가 힘을 주고 치켜 올려져 있거나 오른쪽 발가락들이 전부 갈퀴처럼 오그라져 있기도 하다. 얼굴은 함박웃음을 짓고 있지만, 숨길 수 없는 긴장이 발가락에 나타나 있다.

신발 바닥이 양쪽 다 바깥쪽만 닳아 있는 것도 무게 중심이 바깥쪽으로만 쏠린 몸을 지탱하느라 그렇게 된 모양이다. 긴장에 사로잡혀 땅에 붙지 않은 발바닥은 바닥에 뿌리를 내릴 수 없었던 것이다. 두려움으로 흔들리며 양쪽으로 당겨지느라 중심이 얇아진 모양이다. 뿌리내리지 못한 시간을 상상하니 얇은 중심에서 시커먼 손이 올라와서 머리채를 휘어잡을 것 같다. 그 손아귀의 힘을 걷잡을 수 없고 시간도 끝이 없어서 그 손에 잡히는 것이 구원이라 여기며 체념할수도 있겠다. 내 발은 그런 시커먼 그림자에 잡혀 위로 들린 채 비명을 지르고 있는 자아의 상태 같다.

어느 날 파리의 노트르담 성당 입구 왼편에서 자신의 머리통을 들고 있는 순교자 동상을 마주쳤다. 순교자 '상 드니'의 양쪽에는 천사가 서 있었다. 자신의 목을 기꺼이 내어준 사람의 평온함은 상상할 수가 없었다. 그는 댕강 잘린 자신의 머리통을 들고 10킬로를 걸어가서 몽마르트 언덕에 묻혔다고 했다. 운명의 손에 머리채를 잡혀도 양쪽 발이 버텨준다면 머리통을 들고 걸어갈 수 있을까? 자신의 머리통을 들고 걸어가는 그 엄숙한 심지와 고요한 움직임이라니. 그 동상의 발가락들은 긴장 하나 없이 가지런하게 잘 펴져 있었다.

내 마음의 왼쪽과 오른쪽

몸의 은유를 탐색하기 위한 첫 작업은 다리 작업이었다. 나는 "무릎이 꺾인다"라는 말을 배신당했다고 느낄 때 자주 사용했다. 선생님이 무릎을 일부러 꺾으며 걸어보라고 했다. 그때 '무릎이 꺾인 김에 좀 쉬었다 가면 되겠네' 하는 자각이 생겼다. 그 인식의 전환은 덧붙일 것 없이 상쾌한 기분이었다. 배신당했더라도 무너지는 것이 아니라 쉬어가는 기회로 삼으면 될 것이었다.

몸의 감각은 머리로 생각해서 얻는 결론과는 다르게 일어난다. 무릎이 꺾인 이유는 배신감에 놀란 신체 시스템이 바닥으로 내려가 정렬하고 완결지어야 한다는 몸의 필요성이자 메시지인 것이다. 몸은 실천적 지도를 갖고 있는데 생각은 이 과정을 무시하거나 뛰어넘어버린다. 몸의 놀람은 완결이 되지 않고 긴장은 몸의 어디엔가 남아 방어체계를 가동시킨다. 무릎이 꺾일 때는 주저앉아 무릎을 만져주고 배신감의 열기는 빼는 큰 호흡을 해주어야 했다. 몸에서 감정에너지가 해결되면 몸은 또 손바닥과 다리에 일어설 힘을 발휘하게 해준다. 몸의 놀라운 작동방식이다.

신체 부위들은 다르게 사는 두 자아의 해결되지 않은 갈등을 극명하게 은유하는 일도 있다.

"머리로 자신을 아는 작업은 쉽지가 않아요. 몸이 하고 싶은 동작을 찾아보고 움직여 보세요. 몸의 어디가 특히 느껴지나요? 거기에서 느껴지는 감정이 무엇인지, 몸이 하고 싶은 말을 들어보고 소리를 내 보세요."

타말파 동작 치료사 이정명 선생에게 개인 세션을 받는 중이었다. 관계에서 갈등하는 이야기로 시작했는데 동작을 하다가 몸의 왼쪽과 오른쪽이 극명하게 다른 느낌이 들었다. 왼쪽은 작게 움츠리고 떨면서 '살려 주세요'하며 호소하고 있었고, 오른쪽은 과도하게 부풀린 몸에 털이 더부룩한 고릴라 비슷한 짐승 모양을 하고 화가 나 있었다. '죽여버릴 거야' 씩씩대며 으르렁거렸다. 피해자와 가해자가 한 몸에 공존하고 있었다. 짐승의 몸을 한 오른쪽은 그저 부풀려 있었다. 속은 텅 비어서 사실은 힘이 없었다. 아기 같은 왼쪽은 엉겨 붙어서 위축되어 있었다.

캘리포니아에 있는 안나 할프렌의 타말파 연구소 수업 때는 왼쪽 몸은 '움직이지 않으려는 죽음'이었다. 내가 낙태한 아기들과 행방불명된 동생에 대한 죄책감이 몸 왼쪽을 붙들어 경직 되어서 움직이지 않으려 하는 걸 느꼈다. 오른쪽은 살아보려고 애를 쓰며 외부를 향하고 있었다. 몸에 남아 있는 삶의 흔적은 선명했다. 그것은 화석처럼 끝난 과거가 아니라 긴장 시스템을 끊임없이 발동시키고 있었다. 오른쪽을 중심으로 바쁘게 살 때는 왼쪽의 긴장을 전혀 모르고 산다는 걸 깊이 이해하게 된 몸 작업이었다. 왼쪽은 죄책감에 빠져 있으나 애를 쓰고, 오른쪽은 얼어붙은 왼쪽을 끌고 가려 애를 쓰는 삶의 고통을 몸으로 극명하게 드러내 보여주고 있었다.

그날 내가 듣고 싶었던 말이 왼쪽 몸에서 흘러나오는 걸 들었다.

'내가 왜 움직일 수 없다고 생각했어? 그건 언니 생각이야. 나는 내 삶을 살았어. 그것을 언니가 책임질 일은 아니지. 언니 책임이 아니고 내 운명이야. 내가 선택한 거야. 언니가 도울 일은 없었어. 거기까지 충분해. 나는 언니를 탓한 적 없어. 내 운명을 언니가 왜 책임져? 그건 신과 나의 이야기지 언니와의 이야기가 아니야. 그러니 언니는 언니의 삶을 살아.'

기쁨을 모른다

타말파 동작 치료에서 신체 은유의 마지막 작업으로 얼굴에 대한
작업을 하는 중이었다. 내가 그린 초상화의 느낌을 동작으로 표현하
다가 문득 '나는 기쁨이란 걸 모르는구나' 하는 자각이 날카롭게 왔
다. 가슴 쪽으로 숙이고 있던 머리와 얼굴이 무거운 추가 매달린 것
처럼 바닥으로 떨어져 내렸다.

몸은 심리 내면을 은유한다. 몸은 그 자체로 삶에서 모든 경험을
수행한다. 그 과정에서 해결되거나 해결되지 않은 감정, 생각, 충동,
긴장을 고스란히 품는다. 특히 성폭력 경험 후유증은 비슷한 상황에
서 비슷한 긴장이나 움직임을 반복하게 하는데 이것을 몸의 방어기
제라고 한다. 나의 습관화된 방어기제는 몸을 왼쪽으로 비틀고 회피
하고 있는 자세와 움직임이다. 특히 얼굴은 인간의 사고 반응이 가시
화되는 부분이어서 내적 사고와 감정을 노출시키지 않고 선택적인
가면을 쓴다.

아이들이 어릴 때 아이들을 웃으며 바라본 적이 없다. 늘 화가 나
서 못마땅한 눈초리로 바라보았다. 그 눈빛을 대하며 아이들은 얼마

나 무서웠을까? 하물며 성경공부한다고 앉아서 뭔가 요구하는 아이를 노려보던 생각도 난다. 수업하던 수녀님이 아이를 끌어다가 쓰다듬었다. 아이는 엄마의 도움이 필요했을 것인데 엄마의 태도가 얼마나 당황스러웠을까? 그때 출애굽기를 공부 중이었다. 모세가 민족을 이끌고 이집트를 탈출하는 내용이 익숙한 습관을 청산하고 자유로운 삶을 향해 떠나는 은유라는 말에 감동하고 있었다. 뭔 놈의 감동이 아이를 구박하는 걸로 연결됐는지, 제정신이 아니면서 하는 성경공부는 아무 소용없다.

실제로 기뻐할 줄 알아야 저절로 감사하게 된다. 그런데 나는 내가 아는 것, 내가 가진 것 모두 다 불만스러웠다. 늘 이게 아니고, 저것이어서 부족하다고 느꼈다. 그래서 기쁨이 아예 없었다. 당연히 감사도 없었다.

"소이가 아플 때는 모두 영국까지 도와주러 쫓아가면서, 졸업식하는 날은 축하하러 가지를 않았네요. 좋은 날에 대해 축하는 하지 않고, 아프고 도와야 될 때는 반응하네요."

일 년 전 상담자한테 들었던 그 피드백이 마음에 찔리듯 쓰렸었다. 그 말을 들으면서 얼굴이 두꺼워지는 것 같았다. 그 상황이 우리 집 분위기이고 나를 설명하는 것임을 알 수 있었다. 너무 부끄러운데 표를 안 내려고 표정을 없애서 멍하니 얼굴이 무거워졌었다. 그냥 엎드려서 울었으면 좋았을 것을 울지 않으려고 얼굴을 두껍게 만들어 살았다. 솔직한 얼굴을 한다는 것이 너무 어렵다.

할머니와 사는 지우

남자아이 이름은 지우였다. 두 살 터울의 누나랑 함께 미술 치료 수업에 참여한 초등학교 1학년이었다. 동사무소에서 의뢰한 수업인데 초1부터 중1까지 섞여 있어 어려웠다. 보조 선생님도 없이 열 명을 감당하는 수업이었다. 작년에 만났던 아이들은 심드렁하게 다 안다는 태도였고, 말도 잘 못 하던 중 1 아이는 동생들을 날마다 한 명씩 때려서 울렸다.

초등학교 1학년인 지우는 3회기까지 아무 말도 안 하고 가만히 있었다. 크레파스가 책상 밑으로 떨어져 내가 주워줬다. 지우는 떨어진 크레파스를 주울 생각도 없어 보였다. 당황하지도 않고 무심하게 나를 쳐다보았다. 그리고 계속 하루에 세 번도 더 크레파스를 떨어뜨렸다. 주우라고 하면 옆에 누나나 다른 아이가 주웠고, 지우는 그대로 앉아 있었다. 한번은 지우에게 주우라고 했더니 아무렇게나 담아서 크레파스가 으깨지도록 뚜껑을 내리눌렀다. 일부러 떨어뜨리는 걸 보고 "왜 그러냐"고 했더니 "도화지를 움직이면 건들어져서 떨어진다"라고 했다. 아이는 부모 없이 할머니랑 살고 있었다. 다른 아이들도 각자 야단법석이어서 지우만 쳐다볼 수가 없었다.

5회기부터 지우가 거칠게 색을 칠하고 움직임 반경도 커졌다. 얌전한 게 아니고 눈치를 보고 있었던 것이다. 누나가 말하기를 학교에서 칭찬도 받고 집에서는 조용히 게임만 한다고 했다. 마지막 7회기 때 지우가 나한테 가까이 와서 맴돌았다. 손을 뻗어 내 옷자락을 잡으며 스쳐 가고 내 손 가까이에 아이 손이 있기도 했다. 마지막 작품의 제목을 "바람을 타다"라고 적은 걸 봤다. 쓰러진 꽃나무의 배경은 거칠게 칠한 하늘이었고, 단단한 껍질의 벌레가 나무를 향해 가고 있었다. 집에 돌아와 그림의 쓰러진 나무를 보며 제대로 서 있을 수 없는 지우의 호소가 아프게 느껴졌다. 지우는 뿌리를 내리지 못한 나무였고, 그 나무조차 갉아 먹으려는 벌레가 가까이 기어가고 있었다.

지우 모습으로 나타난 '어린 나'를 눈치채지 못했다. 수업이 다 끝나고 내가 또 나를 외면했다는 걸 알았다. 처음 가여워 보이던 그 작은 몸을 쓰다듬어야 했다. 엎어진 크레파스를 주워주고 그때도 안아줬어야 했다. 내 옷자락을 잡을 때 돌아서서 보듬어야 했다. 알아보지 못했다.

그날, 나는 지우의 쓰러져 있는 나무를, 그 작품 제목을 왜 내 사진에 담았을까? 나는 나를 또 뿌리쳤다. "지우야, 우리가 바람에 쓰러진 게 아니고, 바람을 타는 거였으면 정말 좋겠다."

왜 나를 살려주셨나요?

오후에 강아지랑 자동차 길을 가로질러 문을 만드는 공장에 갔다. 사람이 건너는 걸 본 적이 없는 건널목을 건너서 주유소 마당을 두 개 지나서 갔다. 가다 보니 자동차 정비소가 문을 닫은 걸 발견했다. 젊은 아저씨가 열심히 운영하는 곳이어서 문 닫고 쉴 사람이 아닌 것 같았는데 뭔 일인가 싶었다. 미닫이문을 주문하고 돌아오는 길에 정비소 철문에 붙은 종이가 보여 일부러 가까이 가보았다. 조모상으로 인해 3일간 쉰다는 안내문이었다.

아하, 우리는 내가 죽던지 가까운 누가 죽어야 쉰다. 맞다 싶었다. 살았을 때 볼 수 있는 병문안은 어려워도 초상집은 부랴부랴 가게 된다. 죽음의 소식을 듣는 순간만큼은 뭔가 툭 끊기는 텅 빔이 생긴다. 열심히 일하던 그 아저씨는 할머니 장례식에서 검은 옷을 입고, 하던 일을 쉬고 있을 것이다. 장례식은 내 삶 가운데 문득, 멈춰서 죽음을 연습하는 시간인가 하는 생각이 들었다.

경상북도 상주에 수업이 있어서 출발하는 아침에 '삭막하게 목적지만을 향해 막 가지 말고, 길옆에 산도 쳐다보고 하늘도 쳐다보며 천천히 가보자' 하는 평소와 다른 생각이 들었다. 여유 있게 출발해서 정말 일부러 느린 속도로 운전을 했다. 거의 도착한 상주 터널 앞에서 물을 마시려고 옆을 보며 물병을 집는데 앞에서 '쾅' 소리가 났다. 놀라서 앞을 보니 터널 안에서부터 내 앞차까지 8중 추돌이 일어난 상태였고, 천천히 가고 있던 나는 차를 멈출 수 있었다. 너무 느린 나 때문에 느리게 따라왔을 뒤차도 내 차와 부딪히지 않았다. 다행히 옆으로 빠져나와 상황을 보니 맨 앞차가 터널 벽에 부딪혀서 일어난 사고였다. 나는 앞차가 부딪힌 걸 보지도 못했는데도 좀 놀랐는지 터널을 벗어나는 데 눈물이 찔끔 났다.

늦지 않게 도착해서 마주친 수녀님한테 "원래 급하게 운전하는 타입인데 신기하죠, 나는 왜 살아남았을까요?"하고 물었다. 수녀님이 그러셨다. "살아남은 게 아니고 살려주신 거죠. 왜 나를 살려주셨냐고 물으세요." 그래 비단 오늘일 뿐이었을까. 참 많은 사람에게 도움을 받으며 잘 살아왔다. 같은 또래인데도 언니처럼 나를 챙겨주던 친구와 후배들, 내 마음을 반영해주고 공감해주셨던 상담 선생님들, 말귀도 못 알아듣고 고집도 세서 선생님들은 애가 터졌겠지만, 덕분에 한세상을 건너왔다.

남편도 나한테 딱 걸려서 고생을 많이 했다. 공부한다고 여기저기 미국으로, 인도로 날아다니는 아내를 보며 속이 썩었을 것인데 잘 견뎌주었다. 남편은 평강공주처럼 나를 돕는 사주팔자여서 나는 하고 싶은 것을 맘대로 했다. 공부한 기간과 수업료 대비치고는 머리도 좋지 않고 성실함이 부족해서 그럴듯하게 되지 못했다. 그래도 그렇게 배우며 스스로 도움을 많이 받았다. 미술 치료 수업에 봉사하러 갔는데, 단체 모임에서도 환영해주고 학생들도 좋아해서 다행이었다. 사례를 받는 수업도 좋지만, 내가 할 수 있는 것으로 기껍게 나누는 것도 나이 들어가며 할 수 있는 좋은 일인 것 같다.

잘못을 허용하는 공간

어제는 오랜 친구를 몇 달 만에 만나서 우리의 지나간 시간에 이름을 붙여보았다. 서로가 없었으면 견디기 어려웠을 시간이었다고, 서로가 있어서 여기까지 왔고 서로의 배신이 우리를 홀로 지내게 했고, 각자 배신한 건 자신이었다는 이야기를 나눴다. 우리가 함께했던 위로와 나눔이 그때는 최선이어서 지금은 홀로 견딜 수 있는 최선의 결과를 맺은 거라고 여겨졌다. 우리에게 일어난 단절을 견디기 위한 방편으로, 나는 꿈을 살피는 글을 쓰게 되었고 피해왔던 진실에 대해 알게 되는 엄청난 시간으로 전환된 것이다. 외부 사건으로 보면 배신으로 보였을지라도 내면이 변화하기 위해 꼭 필요한 역할을 서로에게 해주었다. 기꺼이 의식적으로 도와준 것이 아니어서 도움을 인정하는 것이 어려운 일일 수도 있지만, 무의식에서 극적인 전환의 기회를 제공한 것은 엄연한 진실이다.

친구는 많은 방에 구멍이 나 있고 그 방마다 각자 사람들이 살고 있는 꿈을 꾸었다고 했다. 스님도 살고 박수무당도 살고 있더라고 했다.

"아마 그 방에 나도 있을 거야, 너의 마음 방마다 생긴 구멍이 더 커져서 너를 삼키기 전에, 내가 삼켜지기 전에 구멍 난 어둠 속에 숨은 우리의 그림자를 직면하고 더 깊은 곳의 자기를 만나자."

상대가 나를 좋아한다고 여겨야만 나는 괜찮은 사람이라고 생각했다. 그러나 상대와 주고받은 거짓된 관계를 인정하고 그 내용을 나누게 되면 숨겨졌던 민낯이 드러나는 것이다. 서로에게 했던 모욕적인 말을 되짚어 확인한다는 것도 사실 용기가 필요했다. 다시 한번 창피당한 내용을 말해야 한다는 것도 두려웠지만, 그 이전에 내가 먼저 상대를 모욕했다는 것을 인정하는 것이 더 어려웠다. 그러나 내 잘못에 대한 공간을 허용함으로 내가 두려워하고 회피하던 마음의 공간을 넓히고 편안한 숨을 쉴 수 있다. 넓어진 공간에는 너의 자리가 새롭게 생기고, 나는 너를 다시 기다리기 시작할 것이다.

오후에 서점에서 『사일런트 페이션트』라는 소설책을 뒤적이다가 "오, 맙소사. 그 자의 소리가 들려. 그 자가 들어왔어. 그 자가 집 안에 들어와 있어"라는 문장을 보고 책을 사 왔다. 그 문장이 꿈속에서 방에 들어온 여자들을 볼 때 내가 느끼는 당황스러움과 흡사했기 때문이었다.

그리고 집에 와서 소설의 첫 문장이 시작되기 전에 프로이드의 말이 적혀 있어서 놀랐고 배신이란 단어가 있어서 또 놀랐다. 요즘 '내가 나를 배신하는' 데 대한 깨달음을 더 깊이 이해하기 위해 노력 중이었기 때문이다.

"볼 수 있는 눈, 들을 수 있는 귀가 있는 사람이라면 인간이 비밀을 지킬 수 없다고 확신할지도 모른다. 입이 침묵한다고 해도 손가락이 재잘거린다. 온갖 구멍에서 배신이 흘러나온다."

책은 정신병원이 배경이었으며 정신장애를 극복하지 못한 정신과 의사의 이야기였다. 배신이라는 감정을 수용할 수 없었던 정신과 의사가 콤플렉스와 상처에서 벗어나지 못하고 살인자가 되는 이야기였다.

첫 기억

우연히 1월에 쓴 메모를 보다가 친구들이 떠나가는 꿈이 적혀 있는 걸 보았다. 꿈이어도 속이 상했는지 떠난 친구들 꿈은 적어놓고도 잊어버렸다. 1월은 한참 힘든 시기였다. 어디로 가야 할지 방향을 잡을 수 없고, 오락가락했다. 그때 모두 떠나는 꿈을 꾸었다. 꿈속에서 어떤 여성단체에 들어갈까 하는 생각도 했다고 적혀 있었다. 혼자 남겨진 기분에 어디라도 소속되고 싶었던 것이다. 생각해 보니 관계나 일에서 갈등을 느낄 때마다 사람들이 떠나가는 꿈을 꾸었다.

나를 가장 두렵게 하는 감정이 엄마가 나를 두고 떠났을 때 감정이고, 스트레스 상황에서 그 정서가 반복되고 있다는 걸 꿈이 알려주고 있던 걸 이제 알았다. 힘들어질 때 내가 나를 보살피거나 집중하지 못하고 남편이나 친구에게 매달리며 원망하고 있는 모습을 꿈은 알려주고 있었던 것이다. 나를 두고 가는 남편의 꿈이 '내가 나(Self)를 두고 가는 것을 알려주는' 영혼의 음성이었듯이 스트레스 상황은 '내가 중심을 갖고 존재하지 못하고 떠돌고 있다'고 알려주는 메시지였다.

엄마가 나를 두고 가는 첫 기억 때문에 인연을 맺으면 죽을 때까지 같이 가야 한다는 비합리적 신념도 생긴 것 같다. 어쩌면 아버지가 다른 여자랑 배를 타고 떠나는 목포항에 막 도착했던 엄마의 절망이 나의 첫 기억일 수도 있다. 엄마의 뜨거운 등에 업혀서 뛰는 심장 소리와 배신감을 아기였던 나도 아프게 느꼈을 것이다. 유행가 가사같이 막 떠나는 배에서 여자가 "사모님~" 하며 불렀다고 했다. 그 여자가 아버지와 같은 학교에 근무하던 양호교사라고 했으니 아는 처지에 본인도 당황해서 사모님을 불렀을 것 같다. 그래서 엄마는 나를 업은 채 바다로 뛰어들고 싶었다고 했다. 아니 어쩌면 나만 바다로 던져버리고 싶었던 것은 아닐까? 나는 정말 물이 무섭다. 배를 타고 있어도 물이 무섭다.

인연이 다해서 서로 헤어지는 게 유익할 수 있다고 생각해 본 적이 없다. 관계에 매달리던 꿈을 이해하면서 현실 관계에 집착하던 내가 이해된다. 꽃이 피고 지는 것처럼 인연도 만나고 이별하는 게 자연스러운 일이었다는 생각을 처음 해본다. 관계가 끝나야 할 때 받아들이지도 못했을 뿐만 아니라, 내가 나쁜 사람이라는 생각이 들어서 힘들었다. 관계가 깨지는 것은 결국 내가 약하고 부족하다는 수치심과 연결되었다. 수치심을 감추려고 불분명하고 혼란한 관계들을 유지해왔다는 걸 알 것 같다.

어제 서점에서 박준 시인의 산문을 보다가 "얼마 가지 않아 우리의 연은 끝을 보았다"라는 문장이 담담하게 쓰여 있어서 깜짝 놀랐다. 이리 평이하게 이별을 말하는 것이 놀라웠다. 내가 이제껏 쫓아

다닌 사람들은 정서적 엄마였던 모양이다. 이제 '어른이 된 나를 버리고 갈 수 있는 사람은 바로 나밖에 없다'고 꿈은 반복해서 말하고 있었는데 몰랐다. 꿈은 내가 존재하고 있는 이상 아무도 나를 버리고 갈 수 없다고 계속 알려주고 있었다. 지는 해를 아침 해라 우기고, 지는 꽃을 피고 있는 거라 우기며 몸살을 했다. 뭔가 모호하던 비현실적인 느낌의 매듭이 하나 풀리는 것 같다. 꽃이 피고 꽃이 진다. 우리는 만났고 이제는 헤어진다. 다시 만날 때는 작년에 피었던 꽃이 아니듯 우리는 새로울 것이다.

페르소나로 살다

　사람들이 살면서 겪는다는 위기가 궁금했다. 죽을 것 같은 절망이나 막다른 골목이 궁금했다. 더 이상 갈 곳도 없고 넘을 수 없는 벽, 나도 그 벽 앞에서 돌아서거나 넘어가 보고 싶었다. 몇몇 사람들이 통과했다는 이곳이 아닌 다른 세상이 궁금했다.

　나는 절망을 잘 느끼지 못하는 병을 앓고 있었다. 자기애적 성격장애와 의존적 성격장애가 합쳐진 증상이었다. 나보다 더 절망적인 사람을 발견함으로 힘이 생기고, 그 사람들의 절망을 돌보며 의존하는 병이었다. 습관성 죄책감은 비난을 못 견디고 달콤한 말만 듣고자 했다. 내가 뭐라도 제공할 것이 있어야만 나는 괜찮은 사람이 된 것 같았다.

　그림으로 페르소나의 이미지를 작업하는 시간에 친구가 작은 개미와 높은 산을 그려놓고 안타까워하는 걸 보았다. 나는 속으로 '아이고 저 작은 개미가 언제 올라가겠나?' 안타까워하며 커다란 공룡이 그려진 내 그림을 멀리 놔두고 봤다. 그런데 놀랍게도 공룡 그림 안에 공룡만 한 개미가 보였다. 그것도 눈이 빨간 개미였다. 공룡 껍질을 쓴 개미였던 것이다. 당황하고 창피한 생각이 들어서 발표를 안하고 숨기려다가 포기하고 고백했다. 아무도 놀라지 않는 걸 보니 내가 화나서 눈이 빨개진 개미라는 것을 나만 모르고 모두 알고 있던 분위기였다.

내가 철저하게 사회적 가면으로 살아버렸다는 것은 가죽 얼굴이 나오는 꿈을 이해하고야 절감했다. 너무 잘 만들어진 견고한 가면으로 스스로를 속였다. 가면이 얼굴에 달라붙어 질긴 가죽이 되어버렸고, 아무리 송곳으로 찔러도 영향을 받지 않는 얼굴이 되어 버린 것을 꿈이 알려주었다. 그 다음은 무슨 이야기를 할 수 있겠는가? 그 가죽 얼굴로 살아온 이야기가 별다른 사연이 있을 수 있겠는가. 가면만 더욱 단단해진 이야기일 뿐이다.

나는 마음에 관해 공부하고, 마음에 대해 가르치는 페르소나 역할을 해왔다. 그 역할을 열심히 했기에 지금이라도 질긴 가죽으로 된 가면을 알게 되었다고 위로해도 될까? 딸이 슬퍼하지 않았으면 내 가죽 얼굴이 사회에 잘 적응한 얼굴인 줄 알았을 것이다. 슬퍼하는 딸을 생각하면 뭔가 잘못되었다는 걸 제대로 알아야 한다고 생각하기 시작했다.

그렇게도 알기 어렵던 것을 꿈이 알려주었다. 이 얼굴의 가면이 벗겨지기는 할까? 가면 속의 얼굴은 얼마나 불안하고 얼마나 두려움에 차 있어서 벗지 못했을까. 아니 최근 꿈에서 봤던 피부가 매끈하고 눈이 초롱초롱하던 소녀의 얼굴이 숨어 있을지도 모른다. 너무 예뻐서 딸이 아닌 줄 알았던 그 얼굴이 가면 속에 있을 것 같다.

혼자 있는 방에서 가면을 벗으려는데 가면이 얼굴에 붙어버려서 낯가죽까지 뜯어지는 냉혹한 주교의 꿈 장면이 나오는 영화가 있었다. 그런데 더 지독한 내 가면은 뜯기지조차 않는다. 내 가면은 진짜 얼굴이 되어버렸다.

할머니가 되고 있다

황반변성 때문에 대학병원 안과에서 왼쪽 눈에 주사를 맞아야 했다. 8명의 할머니, 할아버지들과 팀이 되어 움직이는데 나는 속으로 똑똑한 척했다. 왜냐면 무작정 앞으로 가버려서 잡아 와야 하는 할아버지, 어느 쪽 눈에 시술하는지 몰라서 양쪽 눈이라고 우기는 할머니, 자기 차례가 아닌데 빨리하고 가야 한다며 줄로 끼어들어 버티는 할머니 등이어서 나는 대놓고 도도한 표정을 지으며 같은 팀이 아닌 척하고 걸어갔다.

아무튼, 주사 맞고 수술실에서 부축받고 나와서 별거 아니구만 생각하며 옷을 갈아입고 나오는데 옆 할머니가 나를 붙잡았다.

"슬리퍼 벗어놓고 신발 신고 가셔."

흥, 돌아서서 신발을 갈아 신고 일어서는데 어지럽다. 벽에 기대었다가 일어나서 다시 가려는데 다른 할머니가 붙잡았다.

"이거 서류 가져 가셔."

부끄러워진 나는 계속 어지러운 척하다가 비틀거리며 나와서 앞으로 걸어갔는데 막다른 벽이다. 이놈의 대학병원 골목이 너무 많다.

그래도 처방전 받고 눈 가린 얼굴 셀카 한 장 찍어주고 집에 돌아왔다.

이건 말 안 하려고 했는데, 수술실 앞에 세 번째 줄에 섰는데 갑자기 아래를 보니 내가 수술복 바지 위로 속치마를 떠억 입고 있었다. 오매, 사물함까지 부지런히 가서 속치마를 던져놓고 왔더니 문이 닫혀 있다. 문을 손으로 막 벌려보다가 안 돼서 "저기요, 저기요" 했다. 어린 간호사가 "들어가는 거 맞아요?" 당연히 쌀쌀맞다. "네에, 맞아요." 문을 열더니 "이분 맞아요?" 계속 구박했다. 겨우 입장해서 졸래졸래 따라붙었다. '이놈의 가시나, 너는 안 늙을 줄 아냐? 나도 예전에는 내가 뱀파이언 줄 알았다.'

생동하는 소녀의 모습을 그린 '야성의 관음'이라는 타로카드 3번은 '사랑의 할머니와 삶의 손녀'이고 다음과 같이 해석한다.

"당신은 나이가 든 영혼입니다. 당신의 안에는 지혜가 가득 차 있습니다. 당신은 어떻게 경험에서 배울 수 있는지, 어떻게 더 강하고 더 사랑하는 마음을 가질 수 있는지 알고 있습니다. 당신이 무엇을 하였느냐가 중요한 것이 아닙니다. 지금 당신이 하고 있는 것이 무엇인지가 중요합니다. 당신이 여태까지 당신이 어떤 사람인지 믿어왔던 것이 중요한 것이 아닙니다. 중요한 것은 당신이 어떤 사람이 되기를 지금 선택하는가입니다."

포기하고 마무리하는 것이 아니라 계속 꿈꾸고 도전하는 할머니가 되고 싶다. 호기심에 가득 차서 온 집을 기어 다니며 만지고 맛보는 12개월 된 손녀처럼 나도 여전히 세상에 대한 호기심에 가득 차서 두리번거리는 할머니가 되고 싶다.

사마리아 여인

　친구의 강권에 못 이겨 10일간 침묵 피정을 따라나선 적이 있다. 나는 잘 따라나서는 타입인데 고맙게도 나를 잡아서 끌고 가는 사람들이 주위에 있다. 엄격한 침묵 피정이었는데도 둘이 몰래 숨어서 이야기했다.

　피정 중에 묵상 과제로 받은 "한 여인이 물을 길으러 왔다"로 시작되는 요한복음 구절이 묘하게 마음에 맺혔다.

　"그리스도라고 불리는 메시아가 오는 것을 알고 있습니다. 그가 오면 그는 우리에게 모든 것을 알려주시겠지요."

　10일간 지내면서 미사를 열 번 봤으니까 푹 쉬고 성당을 안 가다가 예루살렘 다녀온 기운으로 씩씩하게 신부님께 면담 성사 보고, 오랜만에 미사에 참석한 날이었다. 우연히도 그날 미사의 복음 말씀이 '사마리아 여인'이었다. 여인의 말 다음에 대답한 예수님 말씀을 그때야 들었다. "내가 바로 그 사람이다." 그 말을 듣고 여인은 마을로 뛰어가서 기다리던 메시아가 나타난 것 같다고 알린다. 그렇구나. 야, 어찌 성경을 제대로 안 읽고도 감동하고 끝내냐? 나에게 놀라웠지만, 예수님 말씀까지 마음에 잘 담게 되어 기뻤다. 그런데 또 일 년이 지나서 아는 목사님과 이야기 도중에 내가 좋아하는 복음이라 며 '사마리아 여인' 이야기를 했더니 자기도 제일 좋아한다며 그러셨다. "여인은 물동이를 두고 갔어요." 또 깜짝 놀랐다. 물동이를 두고 갔다는 대목이 깨알같이 끼어 있는 걸 몰랐던 것이다.

기독교가 대중 종교가 되는 분기점이 십자가를 넘어선 부활이듯 이 사마리아 여인의 복음도 물동이를 두고 갔다는 게 중요한 대목이 었던 것이다. 이전에 이미 예수님은 내가 너에게 영원히 목 마르지 않은 생명수를 주겠다고 하셨다. 생명수를 얻은 여인은 물동이가 필요 없어졌다는 걸 알게되었다. 미련한 나에게는 복음 말씀 하나가 완성되기까지 여러 사람의 도움으로 3년이 걸렸다는 전설 같은 이야기이다.

◆ 아이러니 같지만, 사람들은 자신의 부정적인 면을 만날 때보다 자신이 지닌 좋은 특질을 만날 때 더 강한 저항을 보인다. 자신이 가진 부정적이고 미성숙한 부분을 직면하듯 마찬가지로 자기 안에 있는 뛰어난 특질도 인정하고, 이런 부분을 의식적으로 살아낼 의무가 우리 모두에게 있다.

_ 로버트 존슨/고혜경·이정규 옮김, 『내면작업』

내가 왜 여기 있지?

　『길 잃은 사피엔스를 위한 뇌 과학』이라는 책을 사 왔다. 치매에 걸린 저자의 할머니가 "내가 여기 있니?"라고 자꾸만 질문했다는 서문 때문에 골랐다. 내가 나에게 늘 묻고 있는 질문이기도 해서다. 죽기 전 2주 동안 계속 물었다는 할머니의 질문이 존재론적 의문인 "내가 여기 존재하는가?"와 물질적인 몸으로 "내가 이 장소에 있는가?"의 이중적 함의를 지닌 것으로 들렸다.

　동생이 태어나서 네 살 때 외갓집으로 보내졌던 나는 외갓집에서 멀지 않았을 골목에서 길을 잃은 적이 있다. 그때 느꼈던 절망적인 공포감을 어른이 되면서 낯선 길에 설 때마다 겪어야 했다. 그 공포감 때문에 당황하고 결국은 길을 잘못 들기에 십상이었다.

　최근에도 늘 다니던 대구에서 고령으로 빠져나왔다가 진주로 올라서는 길을 찾을 수가 없었다. 밤이 되어 주위가 어두워지면 나는 아예 아무것도 안 보이는 것처럼 더욱 당황한다. 같은 길을 뱅뱅 돌다 결국 너무 무서워져서 울면서 남편에게 전화을 했다. 평소의 내 실력을 아는 남편이 마음을 가라앉히고 내비게이션을 잘 보라고 한다. 안 되면 데리러 오겠다고 하니 안심이 되었다. 그랬더니 갑자기 앞에 찾던 길이 보였다. 이건 누가 봐도 완전 심리적인 반복 트라우마이다. 네 살 아이는 외부적인 길을 잃은 게 아니라 익숙하게 살던 집과 엄마를 잃었던 것이다. 그것이 아이에게 엄청난 불안으로 남았고, 60이 넘은 나이에도 괜찮다고, 너를 구하러 가겠다는 말을 필요로 한다.

"길을 잃는다는 것은 실존하는 적이자 영원히 존재하는 위협이다"라는 말이 이 책에 쓰여 있다. 길을 잃은 사람들은 계속 움직인다고 한다. 800건의 사례에서 길을 잃은 사람이 그 자리에 머물렀던 경우는 두 건에 불과했다고 한다. 사과를 따러 갔던 80세의 할머니와 열한 살짜리 소년이었다. 이 소년은 학교에서 자기가 있는 곳에 그대로 있어야 한다고 배웠던 것을 기억했기 때문이었다. 길을 잃은 사람들이 발견되었을 때는 대부분 움직이지 않는데, 그것은 단지 녹초가 되도록 뛰어다니느라 너무 지쳤거나 아파서 그런 것이라고 한다.

현대인들이 열심히 활동적으로 살다가 아프거나 사고를 당했을 때야 멈추고 자신의 삶을 돌아볼 기회를 갖는 것과 비슷하게 들렸다. 그것이 기회가 되어 내면의 삶으로 전환하는 이들이 있다. 모르는 곳으로의 여행이나 명상도 삶에서 비켜나고자 하는 시도이다. 거짓 삶에서 멈출 줄 아는 것, 그것이 진정한 삶으로 돌아갈 수 있는 유일한 길이라고 이 책이 알려주고 있다고 느꼈다.

그래서 나한테는 사실적인 뇌를 이야기하는 이 책이 존재의 확인과 존재가 구조될 기회를 은유적으로 알려주고 있다고 보았다. 꿈이 현실을 조금씩 비틀어 보여주는 것처럼 내면의 길을 잃지 않고 진정한 집으로 돌아가는 길을 찾아야 한다고 알려주는 것 같았다. 꿈 상징에서 아이는 신성한 원형으로 창조적이고 영적인 의미라고 말했다. 그러나 그 아이를 키우지 못하는 이유는 현실에서 우리가 너무 바쁘게 돌아다니고, 엉뚱한 길로 걸어가기 때문이라는 소리도 들렸다. '일단 그 자리에 멈춰. 구조의 은총을 기다려야 해.' 이 사실적인 뇌 과학책을 읽으면서 나는 '길을 잃었다'는 은유적 음성을 계속 들었다.

◆ 우리가 가진 수많은 표면상의 목표들과 우리가 원한다고 믿는 무수한 것들은 실은 본래의 욕망을 감추는 가면들이다. 우리가 무엇인지 모르고 찾고 있는 것은 신성한 것이기 때문이다. 어떤 의미에서 신성함은 특별히 삶의 중심에 가닿는 감정이다. 위대하고 고귀한 것이 무엇인지 알아보고, 삶이라는 개인적인 여정을 더 큰 관점에서 바라보게 해주는 그런 감정이다. 우리가 신성하다고 말하는 것은 궁극적인 의미로 우주와 연결된다.

_ 로버트 존슨/고혜경 옮김, 『로맨틱 러브에 대한 융심리학적 이해, We』

2장

그림자와의 조우

그림자와 페르소나는 쌍둥이다

의식이 부정한 내용은 그림자가 된다. 의식이 긍정적으로 받아들여 동일시하는 내용은 페르소나가 된다. 마음을 들여다보고 콤플렉스와 그림자와 투사를 공부하면서도 내 얼굴이 가면이라는 생각을 안 했다. 관계에서 드러난 갈등과 반복되는 악몽이 내 안의 그림자와 직면하라고 독촉하고 있었지만 몰랐다. 나는 정직하고 친절하다는 가면을 쓰고 살아왔다.

내가 통제하고 있다고 여겼던 그림자와 페르소나의 관계는 쌍둥이와 같다. 그림자는 숨어서 은둔하고, 페르소나는 사람들 앞에 나서서 자신을 보여준다. 지킬박사와 하이드, 카인과 아벨, 이브와 릴리트, 아프로디테와 헤라처럼 상반된 모습을 보여주는 짝들이다.

2장은 꿈속에서 그림자가 하나의 인격으로 나타난다는 것을 이야기한다. 죄의식과 수치심에 사로잡혔던 내 얼굴을 아무 일도 없었던 것처럼 취급했고, 젊은 여자는 안방까지 침입해 들어와서 자신을 알아주기를 원했다. 친구들과 남편도 내 무의식을 일깨우기 위해 꿈속에 출현했다. 무의식을 만나지 않고 살아간다면 거짓된 삶이라며 그들은 밤마다 꿈속으로 스며들어 말을 걸어왔다. 억압된 그림자가 여러 인격으로 나타나고 있다는 것을 이해하게 된 시간이었다. 딸 소이가 결혼한다며 영국으로 떠나던 몇 년 전의 꿈들을 뒤늦게 이해하였고, 질긴 가죽이 되어 뜯기지 않는 남편 얼굴이 사실은 내 얼굴이라는 것을 알게 되면서 꿈이 알려주는 그림자를 아프게 이해했다.

대극으로 나뉜 페르소나와 그림자는 극단에 치우치지 않고 물러나서 관찰해야 한다. 두 가지 모습이 모두 다 나라는 걸 알아차려야 한다. 자아가 페르소나와 그림자 양쪽을 다 허용할 때 성장할 수 있는 공간이 생긴다.

처음 기억하는 꿈들은 거의 내가 과거 어떤 자리에 두고 와버린 나의 부분 인격이라고 볼 수 있다. 내가 잘 아는 사람이 꿈에 나타났다면 내가 생각하는 그의 장단점을 열거해보고 그것들이 나의 어떤 부분을 건드리는지 지켜보는 시간이 필요하다. 어린아이라면 그 나이였을 때 무슨 일이 있었는지 기억해 본다. 그 사건이 이제와서 지금의 나에게 말을 걸어오는 이유가 무엇일까? 현재 내가 그때 미해결된 과제와 비슷한 상황에 처했을 수도 있다. 꿈속에 나타난 사람과 아이와 친구에게 말을 걸어보고 들어본다면 부정했던 그림자 인격 하나를 대면하는 기회가 될 것이다.

불이 난 도시

● 나는 어두운 지하 방 침대에서 몸을 일으키는 창녀다. 깨진 유리창으로 들여다보며 킬킬대는 동네 아이들과 눈이 마주쳐서 날카로운 수치심을 느낀다. 나는 속옷 차림이다. 밖에서는 사이렌 소리가 요란하고 붉은 소방차들과 119구급차가 사거리로 몰려오는 중이다. 무슨 일인지 궁금해하며 또 다른 나는 건물 옥상에서 도시의 번화한 사거리를 내려다보고 있다. (2005년 3월 7일)

상담 공부를 하던 서른 후반, 여성주의 집단 상담에 참여했을 때의 꿈이다. 그때 지도 선생님이 이드(Id), 자아(Ego), 초자아(Super Ego)를 보여주는 꿈인 것 같다고 했던 기억이 난다. 꼬인 데가 없이 세 부분으로 나눠진 꿈이라서 설명이 필요 없는 꿈인 것 같긴 했다.

초등학생이던 딸 소이가 미술 치료 시간에 바닷가에 불난 집을 그렸던 때도 그때였던 것 같다. 소이랑 함께 그리는 합동화에서 나는 도화지 귀퉁이에 금을 긋고 나만의 세상을 만들었다. 아이가 뭘 그리

느지 보지 않았고, 내가 그리는 풍경에 들어오지 못하게 했다. 나중에 내가 내담자들의 가족 합동화에 민감하게 된 이유는 그 경험 때문일 것이다. 그 사소한 크레파스화가 무얼 알려준다는 거냐고 하겠지만, 꿈속에 내 손을 밟아버리던 불량배처럼 못된 엄마를 분명하게 드러냈다는 걸 한참 후에 알게 되면서였다. 다른 엄마들은 자신의 냉담한 모습을 비쳐줘도 예전의 나처럼 놀라지 않았고 받아들이지 않았다.

그 시절 나도 소이도 불길에 타고 있었다는 걸 몰랐다. 알 수 없었다. 나는 바위들이 뾰족한 계곡에서 아직도 올라오지 못한 상처투성이 스무 살이었다. 엄마가 아니었다. 엄마가 될 수가 없었다. 나도 도움이 필요했다. 누군가 내 손을 잡고 끌어 올려줘야 했는데, 나는 도움을 청하지도 못하고 절벽 아래에서 올라오지 못하고 있었다.

그때쯤 남편의 사무실에서 아이들이 어렸을 때 찍은 가족사진이 흰 도화지로 가려진 걸 발견했다. 가족사진에 종이가 붙어 있는데도 아무 말도 못 했다. 남편에게 물어보지도 못했고 사진을 갖고 나오지도 못했다. 그 사실을 입 밖으로 꺼내서 객관적 사실이 되는 게 무서웠던 것 같다. 그 시절 우리는 모두 각자 불길에 타고 있었다.

미술 치료사가 되었을 때, 처음 만난 아이가 생각난다. 초등학교 3학년 남학생이었는데 첫 회기에 와서 집에 불이 난 그림을 그렸었다. 아침에 일어나면 소리를 질러대서 데리고 온 아이였다. 다행히 집은 불타지만 식구들은 밖에 나와 있는 것으로 표현했었다. 다음 회기부터는 불을 뿜는 드래곤을 그렸는데 드래곤에는 비늘을 촘촘하게 그려서 여러 가지 파란색을 칠했다. 나는 파란색을 칠하는 걸 도 와주었다. 물론 소리 지르는 버릇은 불타는 집을 표현한 첫 회기에 이미 없어졌고 아이의 드래곤은 점점 작아져서 나중에는 도마뱀이 되었다. 거의 10회기를 드래곤의 비늘에 갖가지 파란색을 함께 칠하 면서 그 아이의 불을 끄는 걸 도와줬다.

그러나 나와 소이의 불은 여전히 타고 있는 걸 보지 않고 외면했 다. 불타는 나를 내려다보지 않은 채 '사는 게 왜 이리 뜨겁지?' 하면 서 정신없이 뛰어다녔다. 이제야 생각하니 나도 소이도 비명을 질렀 어야 했다. 우리는 소리를 지르지 못하고 각자 불길에 타버렸다. 결 국 검게 타버린 잿더미가 되어 너는 거기에, 나는 여기에 소복하게 쌓여 있는 것 같다.

질투하는 키르케(Kirke)

● 결혼식을 하는 것 같았는데 내가 결혼을 하는 건지 신부를 질투하는
친구였는지 모르겠다. 잠에서 깨며 '사놓은 지 오래되어서 먹지 않는 영
양제를 다 버려야 된다'는 생각이 떠오른다. 일어나서 뭘 치우려고 했더
라? 하며 집을 둘러보았다. (2017년 6월 3일)

질투하는 키르케라는 그림이 있다. 키르케는 시기와 복수의 여신
이다. 짝사랑하는 남자에게 거절당하고, 남자가 좋아하는 여자가 목
욕하는 바닷물에 독약을 타고 있는 모습이 그려진 그림이다. 아무것
도 모르는 여자는 바닷물에 들어가고 사람을 잡아먹는 괴물이 되고
만다(워터하우스의 그림).

키르케는 집으로 돌아가는 오디세우스를 일 년간 잡아놓았던 마
녀이다. 오디세우스의 부하들에게 술을 먹여 돼지로 만들기도 했는
데 우리가 돼지처럼 사는 순간을 돌아보라는 의미가 있다고 한다. 신
의 도움으로 돼지로 변하는 걸 면한 오디세우스가 이타카로 돌아갈

수 있었던 것도 신이 선택한 영웅이었기 때문이다. 우리가 모두 귀향 중인 오디세우스이듯이 또한 마녀 키르케라는 걸 잊어버리지 말라는 이야기라고 한다.

대학 시절 야유회 때, 흰 깃털 하나를 들고 서 있는 선배를 발견하고 멈칫하다 돌아보았더니 어여뻤던 친구가 바로 뒤에 있었다. 나는 막 웃으며 투덜거리는 목소리로 "난 줄 알았어요. 내가 멈칫한 거 보셨지요. 아, 정말" 소리쳤다. 그리고 하필이면 그날 저녁은 포도주를 시음하기로 한 날이었다. 대여섯 잔의 포도주 시음이 끝났을 때 선배가 포도주 한 병을 들고 나에게 왔다. 술을 따라주었고 나는 다 받아 마시고 선배 앞에 무릎을 꿇었다. 아마도 "선배님, 내 동생이 너무 예뻤거든요"라고 말한 것 같다. 자리를 옮겨서 나는 한 번 더 무릎을 꿇었고, 다음날 속이 뒤집혀 종일 먹지도 못하고 버스 안에서 누워 다녔다.

뛰어나게 이쁜 동생 때문에 어쩌면 늘 관심 밖이었을 나는 버스 좁은 좌석에 구겨져 누워서 실려 다녔다. 아버지가 모임에 가면서 자랑하러 데리고 가던 동생, 외삼촌은 동생의 아기 사진을 보고 너무 예뻐서 눈물이 났다고 했다. 사람들이 사랑스러워하는 눈빛 앞에는 이쁜 동생이 있었다. 옆에 있는 못생긴 나는 사람들 눈에 띄지도 않았을 것이다. 질투는 "나는 슬퍼"이고, 시기는 "네가 미워"라고 귀엽게 구분해 놓은 문장을 본 적이 있다. 질투는 갖지 못한 나를 인정하지만, 시기는 내 것을 네가 가졌다고 망상하기 때문에 문제가 생길 수도 있다. 나는 슬펐다고 생각하는데 네가 미웠을 수도 있다.

먹지도 않으면서 보관한 오래된 영양제는 뭐였을까 생각하면 부질없이 붙잡고 있는 관계, 타인에게서 받고자 했던 칭찬과 인정이었을 것 같다. 지금 돌아보니 내면에서 발견하지 못하고 외부에서 가져온 그럴듯한 자격증들도 버려야 할 영양제였다. 모두 페르소나를 만들던 재료였다.

◆ 나는 언제나 사도 바울에게 위안을 받는다. 그는 자신의 삶 속에 가시가 있다는 사실을 인정하고 그 사실을 그의 존엄성 뒤에 숨겨두지 않았으니까. 융의 이 말은 우리가 우리 자신의 그림자를 어떻게 받아들여야 하는가에 대해 알려주는 말이다.

_ 로버트 존슨/고혜경·이정규 옮김, 『내면작업』

자화상

● 옛날 사진관, 암막 천이 씌워진 큰 사진기 앞에 앉아서 나는 행복한 사진을 찍으려고 한다. 입술은 입꼬리를 올리며 웃음 지으려는데 눈에서 눈물방울이 툭 떨어진다. 그 흑백 사진을 보고 자화상이란 말을 떠올리며 잠에서 깬다. (2016년 3월 13일)

　　서른 초반이었다. 성당에서 성령 세미나의 마지막에 구마기도가 있었다. 평신도 지도자들이 열심히 기도하는 과정이었는데, 한 이십 대 처녀가 갑자기 나뒹굴기 시작했다. 비명을 지르며 사지를 버둥거리는 모습을 보다가 나도 가슴이 답답해지더니 눈물이 터졌다. 알지도 못하는 그 처녀의 고통이 내 안에서도 느껴졌다. 몸부림치고 소리지르는 그 처녀가 나였다. 내가 저 사람보다 더 고통스럽다는 처절한 느낌이었다.

　　그 처녀가 겨우 진정되고 신부님의 미사가 시작되었는데, 그때 울려 퍼진 성가 가사가 마침 〈너의 진홍빛 죄가 흰 눈같이 되리라〉였다. 이제 처녀 대신 내가 주저앉았다. 다음 날 성당에는 내가 두 시간을 울었다는 소문이 퍼졌다.

요리조리 가늘게 살아남았지만, 그날 그 처녀의 몸부림과 비명에 공명했던 내 처녀는 내버리고 와버렸다. 그 비명을 만나는 이야기는 꿈속에 스며들어오는 내 그림자였다. 그날 처음으로 내가 만나게 된 나는 세상을 외면하고 돌아서 있는 모습이었다. 나는 두려워하며 세상을 등지고 서 있었다. 세상이 나를 가혹하게 대하고 있는 것이 아니었다. 미리 내가 숨어서 무서워하고 있는 것을 보았다. 그때 나는 비로소 바깥세상으로 나가기로 결심했다. 내가 잘할 수 있는 것이 무엇일까? 글을 쓸 수 있을 것같아서 지역의 수필 모임에 참여하고, 친구의 권유로 단전호흡도 시작했다. 아마 그때가 서른다섯 살이었을 것이다.

● 펼쳐진 책에서 투구 쓴 얼굴 그림이 보이고, 마지막 문장 한 줄이 기억난다. "오래 된 얼굴이다." (2017년 1월 5일)

처음으로 집단 상담에 참석했는데 그 지도자의 별명이 '칼'이었다. 5박 6일의 상담이 끝나고 지도자가 나를 따로 불러 말했다.

"당신의 소녀 같아 보이는 부분이 다른 사람들이 당신을 자기 나름으로 해석하고 오인하게 해요." 그것이 무슨 말인지 내가 알 리 없었다. 돌아와서 한 달 정도 지나서야 '꼼짝 못 하고 앉아 있던 바보 같은 모습이 나구나'라고 인정하였다. 자신의 느낌과 욕구를 알지도 못하고 표현하지 못했던 나를 인정하는 순간, 깨알같이 반짝이는 씨앗 하나가 가슴에 생긴 것 같았다. 다르게 행동하지 못한 것을 억울해하며, 어떻게 말해야 할지 몰라서 수치스러워하는 그 바보가 나라고 인정을 하니 뭔가 반짝했다.

그 지도자 선생님과 개인 상담을 했는데 내 말을 듣더니 "황량한 벌판에 혼자 피어 있는 야생화 같이 살았네요"라고 말해주었다. 그 피드백이 어찌나 이해받는 느낌이 들던지 정신이 다 멍해졌었다. 설명하기 어렵던 내 상태를 알아주는 그 표현에 눈물을 뚝뚝 흘렸다. 내 마음에 대해 주고받은 적이 없고, 반영 받아 본 적도 없어서 목구멍까지 치올라 오는 느낌이 뭔지를 몰랐다.

아마도 나는 사랑받고 싶었다. 아마도 나는 의지하고 싶었다. 아마도 나는 나를 이해하고 싶었다. 이제라도 나는 내가 할 수 있는 일이 무엇인지 알고 싶었다. 늦었지만 나는 내가 어디에 쓸모 있는 사람인지 알고 싶었다. 나의 가능성과 나의 잠재력과 나의 재능이 있기는 있는지, 있다면 어떻게 발현될 수 있는 것인지 알고 싶었다.

나에게 빛나는 시절은 없었다. 그래서 희망도 없었다. 어둠 속으로 가라앉는 어떤 여자가 있었지만, 다행히도 그 여자를 지켜보는 어떤 내가 있었다. 그녀가 어둠 속으로 완전히 가라앉아 사라져버리지 않은 이유는 지켜보는 내가 있어서였다. 고통스럽게 어둠에 묻혀서 얼굴을 내밀고 있는 검은 실루엣을 지켜보았다. 그녀가 가라앉지 않을 거라는 것을 직감했다. 나와 그녀는 하나였다. 나는 여기에 있고 그녀는 그곳에 있었다. 그것이 우리의 운명이었다. 그녀에게 투구를 씌워준 것은 나였다. 그것이 그때 내가 해줄 수 있는 전부였다.

반복되는 꿈, 하나

● 산과 들판을 지나서 도착한 시내에서 남편은 사면이 유리 벽인 카페에서 물을 마신다. 남편이 금방 나올 줄 알고 기다리는 중인데, 남편은 나올 생각을 하지 않고 안에 있는 사람들과 어울려 음식까지 먹는다. 남편의 모습이 어처구니없고 약이 올라서 그런 남편의 모습을 쳐다보고 있다. 갑자기 5살짜리 딸아이가 반대편 길로 가는 것이 보인다. '아기 걸음으로 멀리 못 가겠지, 곧 따라가야지' 하며 화난 기분으로 남편 쪽을 쳐다보다가 돌아봤을 때는 이미 아이가 안 보이고, 아이를 찾으러 뛰어갔지만 아이는 종적이 없다. 이리저리 연결되어 있는 골목을 헤매며 아이를 찾다가 잠이 깬다. (2018년 4월 14일)

꿈에서 나오는 유리는 당연히 나를 비추는 거울이다. 유리가 아니라 거울이라는 것을 이해하지 못하면 우리는 꿈을 이해할 수 없다. 이 꿈은 나에게 반복된 주제를 선명하게 알려주려고 유리로 된 카페를 설정한 것 같다. 지금은 알아듣는다. 내가 남편을 탓하면서 실제로 내 정신 안에서 발현하는 창조성, 영혼을 잊고 있다고 알려주는 이야기라는 것을 이해한다. 이 이야기는 현실에서도 사실로 일어나고 있었다. 그래서 더욱 깨우치기가 쉽지 않았다. 현실의 절망스러운 상황이 내 탓일 리 없다고 여겼다. 남편의 탓이어야 했다.

내가 회피와 상실을 거울로 보고 있다는 깊은 자각이 있었으면 다른 상상을 시작할 수 있을 것이다. 우리가 모두 만나서 껴안는 상상, 유리 벽 안에서 너라는 나를 불러내고 골목으로 스며드는 아이를 붙잡는 상상, 처음부터 다시 너라는 나를 만나고 다시 아이와 나를 낳는 상상, 거울을 깨끗이 닦고 아이와 나를 잘 돌보는 상상, 거울은 내부를 들여다보는 '반성'의 능력을 상징한다. 이 꿈을 꾸었을 때는 알지 못했다. 해가 지나서 다시 꿈을 살펴보면서 알게 되었다. 상처 입은 아이는 우리가 내면아이를 대면하도록 해주고, 숨겨진 영혼과 접촉할 수 있도록 역할을 해줄 것이다.

꿈에 나오는 남편은 현실의 남편이 아닌 내면의 남편이다. 그리고 내면의 남편은 내면세계에 살고 있는 나의 남성성을 나타낸다. 꿈에서 남편과 불화가 있다는 것은 내면의 남성성과 협조적인 관계를 하지 못한다는 의미였다.

돌봐지지 않은 내면아이로 인해 어른이 되지 못하고 엄마도 되지 못했던 나의 정신세계를 보여주는 꿈이었는데 이제야 이해했다.

목욕탕에 따라온 아이

● 목욕을 하려고 가고 있는데 찢어진 옷에 때 묻은 얼굴의 대여섯 살 먹은 거지 여자아이가 따라온다. 목욕탕 앞까지 따라온 아이를 외면하고 나 혼자 목욕탕으로 들어가 버린다. (2010년 5월 16일)

십여 년 전 딸 소이가 K대 다닐 때 꿈이다. 꿈의 배경도 소이의 원룸 가까이에 있던 길과 목욕탕이다. 돌아보면 그때 진심으로 챙겼어야 할 딸이었다. 이 꿈도 내가 돌보지 않은 실제의 딸아이로 이해하면서 자책하고 잊어버린 꿈이다. 돌보지 않은 나의 내면아이 때문에 소이를 돌보지 못한다고 아프게 자각했어야 했다. 가던 길을 멈추고 내가 놓친 것이 뭔가 찾아보고 정신 차리라는 영혼의 음성이었는데, 못 알아들었다.

꿈은 현실의 삶에 보상역할과 온전함을 유지하도록 돕는 기능이 있다. 꿈에 나오는 아이 원형은 잊어버린 창의성과 변화의 상징이다. 융은 특히 숨겨진 창조물이나 재능을 발견하는 실마리를 알려주기 위해 꿈에서 방치된 아이가 나타난다고 했다.

　꿈속의 아이는 목욕탕에서 신발을 벗기 전까지 끈질기게 따라왔다. 이제 보면 아이는 간절했다. 나는 몸을 돌리고 무릎을 굽혀서 그 아이의 얼굴을 쳐다볼 생각이 없었다. 지금에야 내면 이와 소이가 한꺼번에 마음으로 다가온다. 늦었지만 꿈속의 아이를 돌아본다. 이제까지 길에서 떠돌며 나를 기다렸을 아이의 눈물을 닦아주고 보듬는다.

　나는 월출산이 보이는 영암靈巖읍에서 십 리를 걸어 들어가는 영보 마을에서 태어났다. 영암읍으로 나가는 그 신작로 길을 따라가며 악을 쓰고 땅바닥을 뒹굴었던 네 살 아이의 모습이 엄마와의 첫 기억이다. 오일장에 가느라고 산모퉁이를 돌아가던 엄마의 뒷모습을 붙잡으려고 발버둥 치는 모습이다. 그 기억에는 애절함이 담겨 있어 돌투성이 바닥에 몸을 던지는 아이 심정이 지금도 느껴진다. 더 커서 그 길의 반대로 뛰어가던 기억도 있다. 회초리를 들고 쫓아오는 엄마한테 안 맞으려고 울며 뛰는 모습이다. 정신분석에서 어린 시절의 엄마는 세상이라고 했다. 나의 세상은 나를 버리고 가거나 매를 들고 쫓아 왔다. 그 길을 벗어나서 다른 길을 갈 수 있었다면 세상은 달라지는 것이었을까? 그 길을 벗어나는 건 어떻게 가능한 것이었을까?

갈색의 엄마와 아이

● 아이들 어릴 때 만난 친구 집에서 하루를 지내기로 해서 식탁에 앉아 이야기를 나눈다. 그 친구는 우아하게 생긴 데다 몸짓도 나긋나긋했다. 옆집과 드나들게 되어 있어서 옆집 사는 이주 노동자 남자가 왔다 간다. 옆집과 벽을 사이에 둔 방에서 하룻밤 자려는데 방구석에 갈색의 어두워 보이는 여자와 아이가 웅크리고 있다. 귀신이라는 생각을 한다. 그들을 외면하고 누웠는데 아이가 내 등을 껴안는다. (2018년 9월 8일)

아이를 뿌리치지 않아서 다행이다 싶어 눈물이 났다. 돌아누워 그 아이를 껴안아 주었더라면 얼마나 좋았을까. 아이가 나오는 마음 아픈 꿈 중의 하나이다. 고통을 느끼지 않기 위해 고통이 있는 공간을 막으면 그것은 그대로 내 안에 머물러 있게 된다. 고통을 느끼지 않으려는 무의식적 습관은 고통을 지나가 버릴 수 없도록 더욱 붙들어 두는 결과를 만드는 것이다.

너무 오래 방치된 고통은 귀신처럼 나를 따라다니고 있다. 아주

부유하게 사는 친구 집까지 몰래 들어와서 웅크리고 있다. 갈색 그림자가 되어 방에 미리 들어가서 웅크리고 있다. 나의 내면에는 그림자가 숨어 있다. 다른 사람에게 보여주는 가면 얼굴 뒤에 통제되지 않는 다른 인격이 숨어 있다. 나는 못 본 척 돌아눕지만, 그림자는 다가와서 내 등을 껴안는다. 나는 돌아보지 않는다.

우아한 태도와 부드러운 말투의 친구 집에서 꿈속의 남성성은 이주 노동자이고 옆집에 산다. 남자는 직장에 가서 돈을 벌어다 주지만 정서적인 소통을 하지 않은 남편의 모습 같다. 따로 살지만, 문이 있어서 그나마 드나든다. 하지만 외국어를 하지 못해서 서로 말은 통하지 않는다.

꿈속에서 반복되어 나타나는 아이를 아직도 챙길 수가 없고 보살피지 못한다. 버려진 나의 영혼이고 돌봐주지 못한 딸의 영혼 같다. 갈색 그림자가 되어 웅크리고 있는 건 죄책감과 열등감에 사로잡힌 나의 한 부분이다.

친구는 내가 부러워하고 되고 싶은 모습이다. 지극히 여성스럽게 생긴 데다 목소리도 상냥하다. 얼굴은 희고 목은 길고 전체적으로 갸름하다. 그 친구 옆에 서면 나는 갈색이었던 기억이 난다. 밝고 환한 페르소나와 갈색의 남루한 그림자가 함께 있는 집이다. 이 집은 나의 자아 상태를 보여주고 있다. 나의 모든 가능성을 품은 아이는 남루한 그림자 모습이다. 내가 의식을 내려놓고 무기력하게 잠이 들 때 갈색 그림자는 꿈으로 들어온다. 나를 보라고 여기 있다고, 돌아보라고 만나 달라고, 이름을 불러 달라고 가만히 다가와서 등을 껴안는다.

나는 언제 너를 향해 돌아누울까? 나는 언제 너를 껴안을 수 있을까? 나는 언제 너를 알아볼까? 나는 언제 너를 연민하게 될까?

가슴에 구멍 난 엄마와 아이

● 칼끝으로 그은 것처럼 가슴에서 배까지 죽 그어져 틈이 생기고, 열린 틈으로 하얀색이 살짝 보인다. 어깨와 허리 옆쪽도 살이 조금 열려서 하얗게 보인다. 나는 그 상태를 가슴이 열렸다고 이해하고 사람이 오가는 거리를 가고 있다. (2019년 11월 29일)

"오늘 출근하면서 라디오를 들었어요. 초등학교 3학년 아이의 시를 읽어주는데 〈엄마가 아파서 병원에 입원했다. 엄마가 집에 없으니 내 가슴에 구멍이 났다〉였어요. 내가 어렸을 때 우리 집도 엄마가 가출을 반복했을 때 먹을 것도 없고 입을 것도 없었어요. 내가 거지 같았던 생각이 났어요."

"가슴에 구멍 난 엄마들이 그럼에도 아이를 낳아서 키웠어요. 그 가슴으로 우리도 또 애를 썼지요." 그녀의 말을 들으며 나는 너무 슬펐다. 그녀가 슬픈 것처럼 나도 슬펐다.

상담을 끝내고 아래층에 내려왔더니 아래층에서 그녀의 아들을 상담한 치료사가 오늘 작업한 아이의 작품을 보여주었다. 정말 아주 오래되고 무서운 거짓말처럼, 잔혹한 동화처럼 아이는 심장이 밖으로 나와 있고 가슴 한가운데 구멍이 뚫려 있는 사람을 그려놓았다.

집으로 오며 내 가슴의 구멍이 아리고, 내 아이들도 삶의 구멍 앞에서 아득해하는 게 보였다. 봄 내내 세상은 미세먼지로 뿌옇다. 상담을 한다는 것은 결국 다른 사람을 통해 나를 다시 만나고, 새로 이해하고 위로하는 과정이다. 괜찮은 척 지나가 버린 나를 다시 만나서 이야기를 꺼내고 용서를 바라는 행위이다.

이 꿈은 상처받은 치유자를 보여주는 것 같다. 나는 자신을 위한 치유자가 되어 자기 자신을 먼저 치유하라고 요구받은 것이다. 그렇게 함으로 진정한 치유자로서 성공과 관계를 얻을 수 있다. 상처 입은 내면아이가 내면을 갉아먹게 두어서는 안 된다.

내 팔로 나를 안고, 나의 고통스러운 신음 소리를 듣고, 나의 상처를 보살펴 주고, 나와 함께 있어야 한다. 열등감을 깊이 느낌으로 다시 상처의 근원과 접촉하고 '생존의 욕구'라는 '선한 의도'를 인정한다. 선한 의도를 이해하고 연민하는 것이 상처 난 구멍을 치유하는 방법이 될 것이다.

경계가 없다

● 나가는 길목에 차가 잘못 세워져서 조심스럽게 빠져나가려고 했는데, 차를 와장창 긁었다. 통과하기에는 좁구나 생각하면서도 허옇게 튀어나와 보이는 게 천 조각 같은 거라고 단정하고 밀고 나갔다. 내려서 보니 그 허연 것은 쇠갈고리였다. (2018년 5월 6일)

순간적으로 병신 같은 나를 욕하는 여러 가지 생각이 머리를 지나갔다. 내 옆구리가 시큰했다. 어느 아침에 밤새 시동이 걸려 있던 차를 발견했을 때 내 삶이 그렇게 시동만 쓸데없이 내내 걸려 있는 것처럼 느껴져서 당혹스럽고 슬프던 생각도 났다.

상담자를 만나서 늘 시동이 걸려 있는 것같이 정신없이 사는 나를 하소연하다가 문득 조용해지며 "지금 알게 된 순간에 머물지 못하고, 그래서 이제 또 무엇을 해야 하나요? 하며 아우성치고 있네요" 하며 나를 자각하던 그 시간이 생각났다. 그때는 '지금 여기에 존재함'에 대한 이야기였다면 오늘은 경계에 관한 이야기일 것이다. 적당한 경계없이 무방비로 지나가는 태도와 계속 뭔가 하고 있어야만 할 것 같아서 시동만 걸어놓은 모습이 연결된다. 적당한 거리에서 멈출 수 있다는 것을 모른다.

영화 〈기생충〉에서 "아버지, 어떻게 해요? 지하실"이라고 묻던 아들의 질문이 내게는 엄청나게 상징적으로 들렸다. 어찌할 것인가? 나의 지하실은? 쇠갈고리는 보지 않고 천 조각만 보는 내 얇은 시선의 이유가 내 지하실을 외면한 탓이라는 생각이 든 것이다. 선량한 척하려다가 스스로 속는 것이다. 천 조각은 쇠갈고리를 묶고 있다. 나는 그 사이를 몸을 찢기며 거짓 구원자의 그림자를 길게 드리우고 걸어간다. 예수의 십자가 옆에 나란히 못 박힌 강도가 예수의 구원자 역할에 균형을 잡아준다. 진정으로 선량하기 위해서는 내 안에 강도 같은 단단한 쇠갈고리가 있음을 의식할 수 있어야 한다. 외면한 쇠갈고리는 어느새 내 옆구리를 찢는다.

심심하다는 말

친구들로 대변되는 내 안의 어떤 측면들은 혼자 다른 방에서 소외된 채 심심하다고 한다. 돌아오지 않은 아이의 누나는 보살핌이 부족한 모성을 의미할까? 아직도 나를 제대로 보살피지 못하는 건 분명하다.

아이들 어릴 때, 저녁 늦게 집에 돌아왔더니 온 집 안에 불이 환하게 켜져 있었다. 아이들에게 무슨 불을 이렇게 다 켜놓았느냐고, 왜? 이랬냐고 막 화를 냈다. 이유를 들어 볼 마음은 물론 없었다. 아주 나중에 아들이 말했다 "엄마, 그때 너무 무서워서 불을 다 켜놨었어."

가슴 아프고 미안해서 이런 말을 해도 되나 싶다. 그런데도 내가 한 싸늘한 행동이 자꾸만 아프게 생각이 나서 고백한다. 꿈에 방안으로 스며들어 오는 젊은 여자는 아마도 그때 아이들을 돌볼 수조차 없던 나일 것이다. 그 엄마도 보호받고 싶었을 것이다. 그 젊은 엄마도 보살핌이 필요해서 지금도 자꾸만 내 꿈속으로 들어오는 것이다.

창가에 의자를 갖다 놓고 올라가서 밖을 내다보며 "엄마 심심해" 하던 딸 소이의 모습도 쓰라리게 생각난다. 아이의 손을 잡고 산책을 가든지, 문방구를 가든지, 서점에 가든지 했어야 했다. 나는 뭐라고 했던가. 정신이 든 지금은 차마 그 말을 못 하겠다. 그때 아마도 소이는 다른 아이들 노는 데 끼지 못할 뭔 일이 있었을 것 같다. 미련하고 고집스럽게 닫힌 문 안에 갇혀 있던 건 엄마인 나였다.

뉴스에서 아이를 죽인 엄마가 수갑을 차고 얼굴을 가린 채 잡혀가는 것을 보았다. 아이의 췌장을 밟아 터뜨려 죽인 엄마. 죽어서야 바깥으로 나온 아이와 아이를 죽임으로 드러난 엄마의 죽음 같은 삶. 죽이지 않으면 죽을 수도 없다는 것이었을까. 내가 너를 죽이고 살아남았을 때 나는 같이 죽었을까. 구경꾼이었을까. 아이는 맨발로 탈출했을까. 탈출한 건 나일까. 지금 나의 삶은 죽어서 살아남은 조각일까. 살아남은 조각들이 자꾸만 내 꿈속으로 들어오고 있다.

담아주지 못한 마음

● 텔레비전을 켰는데 삼등분된 화면이 비닐봉지에 액체가 가득 담겨 밑으로 축 처진다. 놀라서 껐다가 다시 켜 보았지만, 똑같이 화면은 흘러내린다. 한 번 더 켜보지만 같은 상태여서 그만둔다. 무섭고 슬픈 마음으로 어두운 창밖을 바라보며 서 있다. (2017년 2월 28일)

커피를 마셔가며 밤새워 시험공부를 하던 여중생, 뛰어난 성적을 받아오던 아이, 글짓기 대회에서는 항상 상을 타오고 노래도 잘 부르고 춤도 잘 추던 아이, 유행하던 일본 문화 때문에 혼자서 따로 일어를 공부하던 아이.

딸이 대안고등학교를 다닐 때 축제가 이틀씩이나 열렸고, 소이는 '뮤즈'라는 이름의 합창단에 속했었다. 고운 목소리와 즐거운 표정으로 노래를 부르던 아이를 서울에 사는 이모들까지 내려와서 지켜보던 기억이 난다. 소이는 학생회장 선거에도 나가고 책 읽는 것을 좋아하는 자신을 자랑스러워하던 소녀였다. 욕심이 많아서 모든 걸 잘

하고 싶어 하던 아이였는데, 묵은 상처가 건드려져서 덧나고 있는 것을 몰랐다. 고3 때 힘들어하던 아이를 하나도 이해하지 못한 것이 지금까지 길게 와버렸다.

고1 때 캐나다에서 일 년을 보내면서 아이는 깊은 유기 불안이 건드려졌고, 고3 때 이중관계를 하는 남학생에게서 상처가 덧나기 시작했는데, 내가 이해하지 못했다. 그때라도 엄마가 온전하게 함께여야 했는데, 정신이 없던 나는 여전히 아이를 버려두는 행동으로 아이를 좌절시켰다.

캐나다에서 눈길을 걷다가 앞서가는 홈스테이 집 언니랑 그 남자 친구가 자꾸 멀어지는데, 자기 신발은 자꾸 눈 속에 묻혀 따라갈 수 없었다고 했다. 그때 하얀 벌판이 얼마나 두려웠던가를 이야기했는데, 그날 자신을 두고 가던 엄마가 생각났고, 너무 무서웠다고 호소했는데 나는 알지 못했다. 아이의 비명이 들리지 않았다. 나는 무서워서 캐나다를 가보려고 생각도 안 했다. 자기가 원해서 갔기 때문에 말도 못 하고 아이는 1년을 버텼다.

한국으로 돌아와서 잘 지내던 고등학교에서 이중관계를 하는 남자애와 사귀게 되었다. 작은 기숙학교에서 여자아이들과 서먹해지고 힘들어져서 또 유기 불안이 건드려졌을 때 나는 아이랑 싸웠다. "고3인데 왜 이러냐"고.

귀찮다며 처음에 합격통지가 왔던 대학을 선택했을 때도 나는 왜 국립대학을 안 가냐며 아쉬워만 했다.

어느 날 누워 있는 아이 옆에 함께 누웠더니 아이가 눈물을 흘렸다. 그 애 옆에 잠자코 있어 주면 되는 것을, 그 단순한 것을 하지 못했다. 할 수가 없었다. 그때의 나는 보이는 것이 없었다. 그렇게 살아가는 중이었다. 마음의 눈을 떠서 살아간다는 것을 이론으로만 이해하던 엄마가 저지른 완벽한 행패였다.

질긴 가죽 얼굴

● 바람을 피운 남편의 얼굴을 잡아 뜯고 날카로운 도구까지 갖고 와서 내리찍는 꿈을 꾸다가 일어났다. 꿈속에서 얼굴은 아무렇지도 않게 그대로다. 나는 그 얼굴에 상처를 주고 싶은데 아무리 난리를 쳐도 얼굴이 상하지 않고, 저항도 하지 않고 그대로였다. (2017년 8월 15일)

꿈을 기록한 밑에 일기처럼 써놓은 글이 있어 읽게 되었다.

꿈꾼 새벽에 걸어 나오다가 방문 벽에 왼쪽 뺨을 야무지게 부딪쳤다. 눈이 번쩍 뜨였다. 그래도 생각보다 많이 다치지 않고 멍도 보이지 않으나, 찬찬히 보면 오른쪽 뺨보다 부어 보이기는 하다. 현실에서 꿈을 다시 일깨우는 동시성을 이렇게 가끔 경험한다. 정말 중요한 꿈이라고 알려주고 싶어서 의식 세계까지 쫓아 나온 것 같다.
그래서 종일 얼굴을 만지며 얼굴을 잡아 뜯던 꿈을 계속 생각하게 되었다. 나라고 내세우는 어떤 부분을 죽이지 못하는 것일까? 나라고 생각하는 어떤 부분에 대해 직면을 못 하고 놓치고 있는 걸까?

소이가 피앙세 비자를 받아서 오늘 영국으로 떠났다. 그곳에서 결혼식을 올리고 신고를 하면 5년간 영국에 살 수 있는 비자가 나오고, 5년 후에 영국 시민권을 준다고 한다. 무거운 가방을 두 개나 들고 기내용 가방을 짊어지고 공항 가는 버스에 타는 걸 보고 돌아왔다. 그 아이를 영국에 보낼 때마다 불안하고 슬펐는데, 이번에는 눈물이 나지 않았다.

5개월 정도 비자를 기다리며 소이가 집에 있는 동안 나름대로 최선을 다했다. 그러나 가기 전날에도 나한테 성질을 내고 따지는 아이를 보며 실망스러웠다. 화 내는 아이를 보며 '가야 하는 데 불안하구나. 좋은 점도 있지만 가면 스스로 해야 할 일들 앞에서 불안하겠구나' 하면서도 화가 났다. 화가 난 덕분에 아이를 자기 삶이라며 밀쳐 보냈다. 어떤 일이 생겨도 어쩔 수 없다고 보냈다.

이거였구나. 아이를 보살펴 주지 않고 공부한다고 상담한다고 평계로 떠나던 시절, 단 한 번도 아이 옆에 있지 않았던 내 얼굴이었구나. 이제 기다리다 못한 아이가 스스로 엄마를 떠나기로 작정하고 준비 중이었는데도 현실감 없이 멍했구나. 영혼의 목소리는 정신 차리라고, 지금 벌떡 일어나라고, 떠나는 아이 마음을 보라고, 찢기지 않는 질긴 나의 가면을, 감정이 없는 잔인한 얼굴을 꿈으로 알려줬는데 나는 남편 욕만 했구나. 3년이 지나서 이제야 꿈을 이해했다. 60년이 지나며 캄캄하게 질겨진 얼굴을, 그 캄캄한 어리석음을 꿈에서 가슴 저리게 알게 되고 돌이킬 수 없다는 것에 머리가 아프도록 울었다.

남편이 나를 버리는 꿈과 연결되어 통찰이 일어난 꿈이었다. 결과적으로 내 무지한 삶의 희생자가 소이어서, 너무 미안하고 슬펐다. 내가 아이를 버려놓고 내가 아이한테 버려졌다고 화내고, 그러면서 아무도 몰래 혼자서 아이를 기다리던 나의 무책임함을 이제야 알게 되었다. 지금은 환하게 보이는 것이 그렇게 꿈과 일기를 쓰면서도 그때는 왜 하나도 안 보였을까?

3년 전 꿈이 시·공간을 뚫고 살아 나와서 머리가 지끈거리도록 울게 만들었다. 저녁 산책을 하다가 '머리가 왜 이렇게 아프지?' 싶었다. 머리를 만지다가 낮에 꿈을 이해하며 울었던 생각이 났고, 어두운 곳으로 걸어 다니며 다시 엉엉 울었다. 딸한테 너무 미안했다. 내 잔인한 얼굴로 울 수밖에 없었다.

술 취하면 옷을 산다

● 돈을 빌려 간 친구가 새 원피스를 사다 높이 걸어놓은 걸 보고 엄청 약이 오른다. 그런데 친구가 술에 취했다고 한다. 술에 취하면 저런 행동을 한다고 누군가 알려준다. 원피스는 회색 잔 줄무늬에 둥근 카라가 달린 무채색이다. 그리고 들리는 목소리는 '네가 생각한 그게 아니니 다르게 생각해봐라'였다. 옳다고 생각했지만 사실 결과가 나쁘고, 잘못된 생각이다 싶었는데 결과는 좋고, 그런 이야기가 들렸다. (2018년 9월 30일)

28일에 런던에 도착했고, 이틀이 지난 오늘 오후 5시에 결혼식이 있었다. 결혼식이 시작되는 시간부터 춥고 고단함이 밀려왔다. 결혼식에 참석한 영국의 여자 친척과 친구들은 소매가 없는 파티복을 입고 있는데, 나는 소매도 길고 거기에다 얇지만 숄까지 두르고 있었다. 나중에는 스웨터까지 걸쳐 입었다. 소이는 직접 구매한 드레스와 레이스 원피스를 입었고, 런던에서 같이 학교를 다니던 후배가 한국에서 일부러 건너와서 화장을 도와주었다. 대안고에 함께 다녔던 고교 동창도 며칠 전부터 와서 함께 지내는 중이었다. 또 다른 고등학교 친구가 만들어 보내준 (다른 친구가 12시간 비행기를 타고, 잘 들고 와서 전달한) 마른 장미꽃 화환이 피로연의 레이스 원피스와 잘 어울렸다. 나는 내가 원하는 신랑감이 아니어서 힘들었지만, 아이가 원하는 결혼이라는 걸 잊지 않으려고 했다. 그러나 그 아이의 드레스가 고급 실크였으면 했다.

꿈에서 옷은 너무 얌전하고 높은 데 걸려서 위선적 모습을 보여주고 있다. 빌린 돈을 안 갚고 있다는 것은 결국 내면의 자신에게 빚을 졌다는 것이었다. 내 꿈속의 젊은 여자에게 돈을 갚는 게 급선무였다. 결국 돈은 에너지이고 보살핌이고 그녀에게 건네야 할 위로, 사랑스러움, 칭찬일 것이다. 원피스가 상징하는 페르소나의 허위의식을 높은 데 걸어 놨다. 껍질일 뿐인 옷을 예물로 받을 신(神)이 어디 있겠는가? 마음 깊은 허망함과 상처에 무슨 영향을 주겠는가?

그때 나는 소이 결혼식이 끝난 후 파리에 가서 유명한 쁘렝땅백화점 앞에 숙소를 잡아놓고 서글픈 심정을 회피했다. '거기서 그렇게 정신 팔릴 일이 있냐고, 이 자유로운 파리에서 무채색의 교복 같은 원피스라니….' 내 고정관념이 나를 어떻게 만들고 있는지 느껴 보라는 소리였다. 나, 그때 오래되고 아름다운 그 거리를 소중한 내 딸을 잃어버리고 넋 없이 비틀대며 두리번거리고 돌아다녔네.

그래, 다르게 생각해보라는 음성은 물질과 허위의식이 아닌 진실을 볼 수 있기를 바라는 소리였어. 소이는 정말 행복한데, 내가 불행하다는 이야기였어. 나는 물질적인 행복만 생각하고 있었으니까. 물질적인 보장을 위해 결혼을 했던 건 나였으니까. 가난한 남자랑 결혼하는 소이를 자신만의 진실한 운명을 향해 가는 거라고 믿지 못했어. 소이가 선택한 삶을 축복했어야 했어. 소이가 나를 버리고 간 게 아니고 내가 버린 거였어.

꿈을 꾸고 3년이 지나서야 이해하게 되었다. 소이가 서른세 살이니 33년 만에 소이에게 투사했던 내 핵심 감정을 이해한 것이다.

문득 런던에 가기 전날 장흥 집에서 본 노랑나비가 생각났다. 나비를 발견한 게 반가워서 가까이 보고 싶었다. 그런데 갑자기 안 보여서 열심히 두리번거리는데 연두색 잎사귀 사이에 나비가 날개를 접고 붙어 있는 거였다. 잎사귀로 위장하는 나비가 있는 걸 처음 알았다. 우연히 앉았나, 금방 날아가겠지 했는데 보고 있는 나를 속일 심산인지 계속 붙어 있었다. 아주 가까이 다가갔더니 그때야 날아갔다. 사진을 찍어 친구에게 보냈는데 나비가 어디 있냐고 한다. 잎사귀인 척하고 자기가 안 보일 줄 아는 나비는 생전 처음 보았다.

열쇠를 두고 왔다

● 아들과 외국 여행을 갔다. 어떤 젊은 여자의 방에 자동차 열쇠를 두고 와버려서 여자를 찾아야 한다. 높은 데서 내려다보는 풍경으로 보인다. 나는 할로윈 인형 같은 것을 사려고 한다. (2018년 11월 17일)

아들과 간 곳은 소이가 있던 영국이다. 낯선 외국에서 모르는 젊은 여자 방에 열쇠를 두고 와버렸다. 젊은 시절의 나와 소이가 겹치는 시간에 열쇠가 있을 것 같다. 그러나 그곳은 아직도 너무 낯설다.

시간이 지나서 내가 써놓고도 지나쳐버린 문장이 열쇠일 수도 있다는 이해가 왔다. '소이가 나를 버리고 간 게 아니었어.' 엄마의 사랑이 없다고 느낀 소이가 가난한 영국 남자와 결혼하고 살러 갔는데, 엄마에게 상처받은 소이를 느낀 게 아니라 나를 두고 가버리는 소이라고 느꼈다. 그래서 내가 상처받고 화가 났다. 소이의 상처는 봐줄 여유가 없었던 셈이다. 꿈에서도 섬뜩한 모습의 할로윈 인형을 사려는 모습이 나온 걸 보면 내 삶의 반복되는 핵심 감정이 얼마나 잔혹

하고 기괴할 수 있는가를 보여주는 것 같다. 그리고는 남몰래 혼자 기다리고 믿었다. 소이가 다시 한국으로 돌아오기를. 나에게 돌아오기를….

'버림 받았다'고 느낀 아이 앞에서 반대로 '아이가 나를 버렸다'고 여기는 엄마의 심정이 잔인하고 섬뜩한 것이었음을 알아야 하는 것이 열쇠였던가 보다. 그때 영국에서 우연히 들린 가게에서 할로윈 귀신 부부 인형을 샀었다. 지금도 버리지 않고 상담소에 걸어 놨다. 집에는 결혼하는 해골 그림도 사다 놨다.

창가에 둔 지갑

● 방으로 들어와 창밖을 향해 서 있는 30, 40대의 젊은 여자를 침대에 누운 내가 보고 있다. 꿈이 아니고 실제로 방으로 들어온 여자를 본 것 같다. 그 여자는 사라지고, 창가에 둔 지갑을 그녀가 다른 데 치웠는지 가져간 건지 찾지 못한다. 그 여자는 친구가 쓴 여신 원형에 관한 박사학위 논문 앞에 서 있었고 나중에 지갑이 그 논문 밑에 깔렸나 책을 들춰 본 것지도 꿈이었다. (2019년 7월 4일)

고혜경 선생의 꿈 집단에 참석했다. 꿈속의 젊은 여자 이야기를 설명하는데 뜬금없이 눈물이 났다.

그날 2박 3일 묵언 명상이 있어서 오대산 아래까지 갔고, 그 논문을 읽으려고 지갑이랑 창가에 놔뒀었다. 그 젊은 여자는 귀신처럼 스며들어 와 창밖을 보고 있다. 나보고 어떡하라는 건지 무연한 뒷모습으로 서 있다. 지갑은 꿈에서도 소중한 것, 즉 돈과 자원과 신분증을 담고 있는 정체성의 상징이다. 지갑을 잃었다는 것은 나의 정체성을 찾기 위해 그 여자를 대면해야 하는 건 아닐까? 허깨비처럼 망연한 여자를 만나서 그 여자에게 지갑을 돌려받아야 하는 건 아닐까?

꿈을 살펴보면서 방에 들어오는 젊은 여자의 꿈이 반복적이라는 것을 알았다. 나는 젊은 엄마였던 시절을 생각하고 싶지 않다. 생각을 못 하겠다. 그 시절로 가면 생각이 없어지고 갑자기 내가 3인칭 존재가 되고, 까만 배경에 흐린 색깔들이 선처럼 지나간 그림이 보인다. 그 선들은 이어지지 않았고, 그 선들은 한 발도 내디딜 수 없이 아슬아슬한 시간이고, 옆은 날카로운 절벽이다. 내가 기억하는 한 여중 때도 초등학교 때도 여고 때도 연애 시절도 신혼 시절도 아이를 키울 때도 뭘 느꼈는지, 어떤 소망이 있었는지도 모르겠다. 모르는 여자들이 꿈속으로 들어와 나보고 만나자고 한다는 걸 이제 알겠지만, 할 말이 생각나지 않아서 만나기가 어렵다.

젊은 여자를 만나야 한다는 사실에 아직도 저항이 올라온다. 지갑은 사람들과 관계하는 데 필요하고, 잘난 체하는 과시 욕구를 뜻하기도 한다. 나는 돈을 쓰면서 잘난 체하고 과시했다는 누명을 벗기 어려운 처지다. 돈이 생기면 엄마에게 주고 동생에게도 주고, 친구들과 밥 먹고 옷을 샀던 것은 확실하다. 이 생활이 내가 원했던 거라고 생각했다. 원하던 행복이라고 생각했다. 마음 한 편에서 이것이 전부는 아닌 것 같다고 속삭이는 소리가 들리기는 했다.

반복되는 꿈, 둘

● 우리 집 안방에 누가 들어와 살고 있어서 화가 나서 어쩔 줄 모른다. 나는 집에 누가 들어오려고 하는 걸 침입으로 여기며 전전긍긍하고 있다. 퇴근한 남편이 집에 들어와서 나를 찾는데, 나는 옷이 많이 걸려 있는 벽 쪽 구석에 큰 보자기를 덮고 숨어 있다가 나온다. (2018년 3월 8일)

들어 온 사람이 여자였다는 것만 어렴풋이 알겠다. 꿈에 나오는 여자들은 대부분 내 그림자이며, 내가 무시해버린 내 성격의 부분을 보여준다. 내가 옷 속으로 숨는 걸 보니 옷으로 그 열등감을 감추고 있는 것 같다.

그녀는 동쪽에서 온 사악한 여자일지도 모르겠다. 아니면 서쪽에서 온 악독한 여자일 수도 있다. 당나귀와 달걀을 들고 온 여자를 본 것도 같다. 벽에 기대 담배 연기를 내뿜던 여자 같기도 하고, 시체 옆에 누워 있던 여자 같기도 하다. 아침이면 밸리댄스를 추다 맨발로 사라지던 그 여자인가? 붉은 아이섀도를 칠하던 창호지처럼 얇은 그 여자인가? 왼쪽으로 목이 비틀어진 채 수선화 꽃밭 가운데 서 있던 그 여자인가?

사막을 걸어가던 낙타 같은 그 여자일 수도 있다. 거대한 바위 사이로 해가 떨어질 때 사막의 붉은 색이 더 붉어진 순간, 낙타 같은 여자를 본 적이 있다. 해는 갑자기 툭 떨어져 버리고, 하늘 한 편에 희미한 노을이 생긴 배경으로 갑자기 낙타가 나타났다. 스스로 볼록한 짐을 만들고, 긴 목을 구부린 채로 너무도 느리게 걷는 모습이었다. 저리 뜨거운 모래사막을 아무 일도 없다는 듯이 천천히 걸어갈 수 있다는 게 위안이 되었다. 고개를 돌려서 지는 노을을 보다가 다시 낙타를 찾았을 때는 이미 사라지고 없었다.

'그렇게 유순한 눈빛으로 타박타박 사막을 걸어서 가버렸구나. 느리게 걸어서 검은 바위산 그림자를 지나 뜨겁게 타는 사막을 건너가는구나' 하는 생각을 하면서 마음이 놓였다. 어느 날 등에 볼록한 짐을 진 그 여자는 내 꿈속 사막으로 여전히 느린 걸음으로 타박타박 걸어 들어올 것만 같다.

꿈에 나오는 집은 내 자아의 집을 의미한다. 집은 자아가 의식하고 믿고 있는 것들로 만든 것이어서 의식의 부분을 뜻한다. 누군가 계속 방에 침입하는 꿈은 의식 세계가 무의식의 침입을 받고 있다는 말이다. 내가 회피했던 사실과 생각에 대하여 직면해야 한다고 말해주고 있다. 그림자 인격을 피하려고 무의식으로부터 자아를 보호하려고 애쓰고 있음을 보여주고 있다.

흰 원피스를 입은 여자

● 결혼하기로 약속한 28살의 남편이 앉은 식탁 맞은편에 흰 원피스를 입은 긴 머리 여자가 앉아 있다. 나는 의자 옆 바닥에 앉아 있다. 식탁은 그녀 쪽으로 길게 좁아져 있고, 좁아진 식탁만큼 여자는 작다. 그녀가 말하지 않는데도 무슨 말을 하는지 들린다. '내가 저 남자와 결혼하려고 늘 여기서 기다리고 있어. 네 맘대로 안 될 거야.' 여자는 일어서서 벽 쪽으로 걸어가다가 사라진다. 내 속을 긁고 불안하게 하는 저 여자. 나는 예술적이고 아름다운 마을로 떠날 계획이었는데 저 작은 여자 때문에 남편을 두고 떠날 수가 없다. (2020년 7월 6일)

결혼하면 '주말의 영화'를 같이 보고, 참기름 장에 밥을 비벼 먹으며 재밌게 살 계획이었다. 그런데 우리 집 벽 속을 들락거리는 흰 원피스를 입은 작은 여자가 함께 살고 있는 것이다. '너는 누릴 수 없어. 내가 여기 있다는 걸 잊지 마.' 그 여자가 말하는 것 같지 않은데 그 여자의 소리가 들렸다.

내 꿈 이야기를 들은 고혜경 선생은 "당신에게 결혼이 어떤 의미인가요?"라고 물었다. 결혼식 날 열 개의 손톱에 다 피가 맺혔다. 미리 와서 신부 관리를 받으라고 했는데, 안 하다가 당일에야 손톱 관리를 했다. 아프다고 말을 안 해서 열 손톱이 다 피가 나고 따가웠다. 그래서 드레스를 입고 계속 손톱을 입에 갖다 대고 불고 있었다.

'결혼식 하는 날은 여자가 가장 존중받고 사랑스러운 날이에요. 그 하루조차 없이 시작한 신부의 삶은 어떤 드라마가 펼쳐질까요?' '왜 그런 선택을 했을까요? 왜 매 맞는 종의 역할을 맡아야 했나요?'

남편이 6년간의 연애를 없었던 걸로 하고 싶어 한다는 걸 알았다. 졸업식 날 나를 피해버리며 드러내놓고 표시를 했는데 모른 척했다. 이 남자랑 결혼을 안 한다는 생각은 해보지 않았다.

친구랑 꿈 이야기를 하다가 결혼식을 행복하게 다시 하자는 계획을 세웠다. 제목은 부부싸움이 끝났다는 '종전 파티'로 하고 리마인드웨딩을 하기로 했다. 친구들과 동생들, 아들까지 초대해서 모두 드레스를 입고 '서양식 굿'을 했다. 굿이 효험이 있었던 것인지 남편이 신부 화장을 하고 흰 웨딩드레스를 입은 예순 네살 마누라를 보고 예쁘다고 감동했다. 거기에다 남편이 처음 보는 내 지인 앞에 가서 신나게 춤을 추는 모습이 동영상에 찍혀서 그 영상으로 우리 부부를 확연히 볼 수 있었다. 당황한 내가 남편 옆에서 어정거리며 춤을 그만두게 하려고 시도하다가 포기하고 돌아서는 모습까지 찍혔다. 남편 손을 잡아끌거나 나오라고 말하면 되는데 여전히 아무것도 못 하는 나를 보았다.

모욕

● 많은 사람이 둘러앉아 있다. 어떤 여자가 부부를 향해서 "소리가 이혼했다면서요?"라고 묻는다. 소리는 어린 나이인데 결혼을 했고, 사람들이 결혼한 것도 잘 모른다. 그 여자가 부부를 모욕한다고 느껴지고, 서로 모욕을 주고받으면서도 모르는 척하는 그들을 보는 것이 불편하다. 아내가 그 여자를 자신과 남편 사이에 앉게 하고, 다정하게 이야기하는 걸 보며 나는 일어나서 밖으로 나온다. 비가 오고 있다. 강아지가 비에 맞지 않도록 옷으로 싸안고 걸어간다. (2020년 3월 18일)

모욕을 주고받는 꿈속 사람들은 내 그림자들이다. 모욕을 모른 척하기 위해 더 친한 척하는 건 나의 평소 태도이다. 다행히 나는 부부를 바라보며 조용히 밖으로 나와서 비를 맞으며 가고 있다. 꿈에서 상황을 바라보며 거리를 두고 문제를 대하는 것 같아 다행스럽다.

모욕당한 걸 제대로 인정하고 직면할 수 있어야 잘못된 것을 알 수 있다. 모욕의 내용을 직면하지 않으면 내가 무엇을 잘못했는지,

원한 게 무엇인지도 알 수가 없다. 모욕받으며 상처를 입고 수치심, 좌절감, 화를 느끼는 자신을 수용해줘야 하는데, 아무 일도 없는 듯 억압해버린다. 어렸을 때부터 모욕과 수치스러운 경험이 많은 데다 이해받아 본 경험까지 없어서인 것 같다. 아무 일도 일어나지 않은 것처럼 하는 것은 내 잘못과 수치심을 인정하지 않을뿐더러, 상대가 실수를 인지할 기회도 빼앗는다. 계속 상대방을 가해자로 대하고 나는 피해자 노릇을 하며 살아가겠다는 숨겨진 콤플렉스이다.

현실에서 누군가 나의 결점을 비난할 때, 참을 수 없이 화가 난다면, 바로 그 순간 내가 의식하지 못하던 내 그림자의 부분을 자각해야 할 때이다. 그때야말로 내 그림자를 깨달을 수 있는 순간이며, 그림자를 의식화해야 하는 고통스럽고 힘든 과업을 시작할 때이다. 관계에서 격렬하게 화가 난다는 것은 내 무의식의 묵은 상처가 건드려졌기 때문이며, 그 상처는 곧 무의식적 콤플렉스를 의미하는 것이다.

나는 엄마처럼 자신은 가엾고 이용당한다는 신념을 갖고 있었다. 나는 가해자인 아이였다가 피해자인 엄마가 된다. 가해자와 피해자의 춤을 수시로 바꿔가며 춘다. 그 아이는 자신이 아이여서(지금은 어른인데도) 여전히 억울하다. 아이가 엄마의 가해자가 된 것은 엄마의 뿌리 깊은 피해의식과 존재 없음이 만들었을 것이다. 나는 강한 척하기를 선택했다. 강하게 보이는 만큼 보여주지 않는 반대 방향은 피해의식으로 웅크리고 있다.

어제 '자기연민' 수업에서 화는 딱딱한 방어적 느낌이고, 그 속에는 두려움이나 보살핌을 받고 싶은 부드러운 욕구가 있다는 설명이

쏙 들어왔다. 달콤한 깨가 들어 있는 송편이 생각났다. 팥소가 든 찐빵을 상상해도 괜찮다. 마음을 닫아버린 행동 속에는 사실은 사랑받고 사랑하고 싶다는 욕구가 숨어 있다는 것이다. 가슴에 품고 가는 강아지랑 내리는 비가 제대로 관계하고 싶은 마음을 뜻하는 것 같다. 강아지는 사랑받으려 애쓰는 연약한 마음이기도 하고, 영혼의 안내자 역할이기도 하다.

빨래 더미와 걸레

● 2층에 올라온 아버지가 밥을 달라고 해서 계단을 내려간다. 죽은 엄마가 어질러놓은 것을 세탁기에 넣는다. 세탁기 바닥에 더러운 걸레가 섞여서 난감하다. 옆에 걸레를 빠는 통을 열어보니 옷과 책으로 가득 차 있어서 끄집어내면서 잠이 깼다. (2019년 10월 24일)

세탁기 속 가득 찬 빨래 속에 더러운 걸레가 있어서 세탁하기 어려운 이유를 엄마 탓으로 돌리고 있다. 옆에 작은 세탁기도 책이 엉망으로 섞여 있어서 먼저 분류가 필요한 것 같다. 세탁물과 걸레, 세탁물과 책을 구분하는 것이 선행해야 할 일인 것 같다. 엄마와의 관계에서 뒤섞인 좋음과 나쁨을 구별하는 것이 가능하기는 할까? 엄마는 뒤섞인 그림자 모습으로 나에게 손을 내밀고 있다. 나는 엄마라는 모습의 내 그림자를 거절하고 외면하고 싶다.

청소와 빨래는 여성이 몸과 물질적인 원리를 기꺼이 받아들이는 것을 의미한다. 빨래는 물질적인 세계에 대한 사랑과 헌신이다. 세탁물을 빤다는 것은 살면서 오염된 실제적이고 정신적인 것들을 돌아보는 일이다. 잘못을 하고 나서 모른 척하는 것은 세탁물을 쌓아놓는 행위이다. 나는 세탁할 수도 없이 더러워진 걸레를 찾아내서 버려야 할 것이고, 지식으로 합리화시키는 것도 골라내야 한다. 먼저 분류가 되어야 그다음 더러워진 것들을 세탁할 수 있다.

"나는 혼자 살아남으려 식구들을 두고 난파선에서 뛰어내린 것 같아요." 내 말에 상담자가 "난파선에서 뛰어내렸다면서 지금도 다른 난파선에 올라타서 떠도는 건 아닌가요?"라고 물었다. 유령처럼 난파선을 바꿔 타며 전전하고 있는 바람 같은 내가 떠올랐다.

표현예술 작업에서 나를 녹슨 폐선으로 표현했던 생각이 난다. 마흔 초반, 나탈리 로저스와 인간중심 표현예술 작업을 할 때였다. 3학기의 마무리 작업이 전신상을 그려서 공연하기였다. 작업하다가 보니 오른쪽 발은 갈고리 같은 닻이 되어 바닥을 움켜쥐고 엉덩이는 녹이 슨 채 날카롭게 찢겨 있는 폐선의 이미지였다. 오른쪽 몸은 온통 날카롭게 뾰족하고 갈라져서 내가 표현해 놓고도 처참해 보였다.

바닥에 누워 뒹굴며 접촉하는 신체 작업을 하다가 아이처럼 울기도 했다. 안전한 공간이 필요하다는 욕구와 하얗고 폭신한 이부자리가 필요하다는 생각이 들었다. 아이 다섯을 키워야 했던 엄마는 시장에서 끊어온 뻣뻣하고 칙칙한 색깔의 천으로 우리의 이불과 요를 만들어 주었다. 떨어진 속옷을 걸레로 주면서 청소하라고 할 때 너무 싫던 기억이 난다. 그래서 나는 수건은 안 삶아도 걸레는 삶고, 백화점에서 세일하는 이불과 요를 볼 때마다 사는 습관이 있다. 비싼 건

못 사고 싼 것을 사서 잔뜩 쟁여놓았다.

　내가 진짜로 원한 건 서로 보살피는 따스한 집안 분위기였는데 이부자리로 바꿔버리고 진짜 원한 것이 뭐였는지는 잊어버렸다. 집에는 쟁여놓은 물건들이 가득해졌고, 내 아이들이 조금은 행복한 줄 알았다. 내가 행복이라고 생각한 작은 것마저도 행복과는 상관도 없는 물질로 바꿔 놓았음을 지금에야 알게 되었다. 변화하지 못하고 소중한 것을 알지도 못하며 집안의 가구만 열심히 바꿨다는 것을 이제야 알았다.

죽지 않은 콤플렉스

● 내가 잘못한 것을 고백하라고 한다. 잘못한 것을 쓴 두 단락의 글이 보인다. 갑자기 오래전 아파서 죽은 후배가 오른쪽에서 가만히 쳐다보고 있다. (2021년 3월 14일)

그 후배는 아이들을 두고 일찍 죽어서 아쉬운 삶을 살았다는 느낌이 든다. 그의 삶을 다 알지는 못하지만, 웃는 얼굴로 옆 사람의 욕구에 끌려다녔던 게 아니었을까 하는 의구심이 든다. 그것이 그에게 스트레스 요인이었을까? 왠지 저번 날 들었던 '너의 운전대를 다른 사람에게 주면 안 된다'는 음성을 되풀이해서 듣는 기분이다. 내 잘못을 제대로 보라고 죽은 후배까지 나타났다.

죽은 사람과 연관되어 나는 어떤 콤플렉스가 있을까 생각해보았다. 결혼 전 연애할 때 남편 후배들하고 만나곤 했는데, 한 후배가 나에게 '누나가 막걸리라면 나는 와인'이라며 비교하는 말을 했다. 나는 속으로 상처받았는데 아무 말도 못 했다. 후배가 웃으면서 하는 말이라 뭐라고 할 수가 없었다. 무안하고 기가 죽었던 생각이 난다. 다 웃는데 나 혼자 받는 모욕적인 느낌을 표현하기가 어려웠다. 웃던 후배 한 명이 "누가 기분 나빠해야 하냐?"라며 또 한마디 해서 더 난감했었다. 꿈은 콤플렉스 가득했던 그 시간을 가리키고 있다.

내가 자존감이 좀 있었다면 그런 비교에 상처받을 이유가 없었을 것이다. 다른 사람의 욕구와 내 욕구가 같지 않은 걸 아니까 그 농담에 흔들리지 않았을 것이다. 꿈이 '지금은 주체적으로 욕구를 말할 수 있느냐?'를 묻고 있는 것 같다. 아직도 흔들리고 있는 나에게 여전히 그 농담과 웃음소리가 들리는 그때, 그 시간, 그 자리에 머물러 있는 나를 가리키는 꿈인 것 같다. 꿈은 40년 전의 너와 지금 다른 게 있느냐고 묻고 있다. 지금 하는 일에 아직도 자신 없는 너는 그때의 너와 똑같다고 말해주고 있는 것같다.

말의 요소

● 꿈에서 두 줄짜리 문장을 보았는데 문장 안에 따옴표가 되어 있던 '말의 요소'라는 짧은 문장만 기억난다. 그리고 아는 여자가 죽어서 장례식을 하는데, 진짜 죽은 게 아닐 거야 의심하며 우리 집 높은 아파트에서 내가 내려다보고 있다. 서너 살 쌍둥이와 산발한 여자가 죽은 게 아니라며 못 간다고 울부짖고 있다. 나는 죽은 여자와 울부짖는 여자가 같은 사람이라는 생각을 하며 내려다보고 있다. (2019년 1월 18일)

말은 그 사람의 모든 것을 보여준다. 나는 말만 예쁘게 해도 내 인생이 달라졌을 거라고 가끔 생각한다. 꿈에서 '말의 요소'는 외부의 말이 아니고 마음의 말이라는 생각이 들었다. 말의 요소는 신의 말씀이고 무의식의 의도이고 진리이다. 내가 하고 다니는 말을 돌아보라는 소리구나. 그래도 헷갈리는 나를 높은 데서 바라보는 내가 있어 다행이다. 해답을 알 수 있게 지켜보는 기회를 주는 것 같다.

일주일 째 목쉰 증상과 연결되며, 계속 부정적 관점으로 살 것이냐고 묻는 거였구나. 죽음을 부정하는 것과 내가 나를 부정적으로 보는 그 부정이 같은 말로 쓰인 것 같다. 실제로 꿈은 말장난으로 우리를 일깨우는 속임수를 많이 쓴다고 한다. 자신을 부정적으로 보면서 타인을 긍정적으로 볼 수는 없다. 자신을 비하하는 건 잘난 나를 보여주고 싶은 숨겨진 욕망 때문이라는 생각을 새삼스럽게 하게 된다. 열등감을 드러내며 우월감을 숨기는 것이나 우월감을 보여주며 열등감을 숨기는 것은 같은 뿌리에서 나왔다. 열등감과 우월감은 다른 이름의 쌍둥이다.

요즘 목이 쉬고 아파서 식도염인가 했는데 꿈 때문에 이비인후과로 갔다. 의사가 소리를 질렀냐고 물어보더니 목에 피멍이 들었다고 한다.

"소리 안 질렀는데요." 대답하고 나서 곰곰이 생각해보니 최근에 운전하고 고속도로를 가며 소리를 몇 번 질렀다. 뭔가 답답하고 후회스러운데 생각하고 싶지는 않아서 소리만 질렀다. 소리 지른 것이 쉰 목소리의 원인임을 몰랐다. 꿈은 그 답답함에 대한 해답을 알려주려고 한 것 같다. 꿈속 여자는 판단하는 자아를 내려놓기 싫다고 울부짖는 것 같다.

예전에 기氣 치료사 앞에서 입술이 자기 맘대로 비뚤어지는 경험을 했다. "맘에 없는 소리를 많이 하는구나"라고 그 사람이 나한테 딱 한 마디 던졌다. 그 후에도 조용한 장소에 앉아서 집중하며 앉아 있을 때 왼쪽 아랫입술이 마비되는 느낌을 받았다. 목소리는 신성함을 나타내기 위해 사용해야 한다던 소리 치유 선생님의 말씀도 생각났다.

입술이 마비된다는 내 말을 듣고, 평소에 말이 없는 남편이 딱 한 마디 던졌다.

"진실을 말하라는 거네."

'그러게요. 서방님, 그런데 내가 진실을 몰라요.'

꿈에 나타나는 친구

● 사람들과 둘러앉아서 계획을 세우고 의논하고 있는데, 오랜 친구가 내가 하는 일에 관심 없다는 게 느껴져서 낙담한다. 말도 없이 실내에서 밖으로 나가는 친구의 뒷모습을 바라본다. (2017년 5월 19일)

무슨 계획이었을까? 나의 다른 부분에 관심이 없는 나, 나를 믿어주지 않는 나, 내가 잘하도록 격려하지 않는 나, 그래서 미리 서툰 상황을 만들어버리는 나, 그러면 그렇지 하며 비웃는 나, 칭찬은 흘려듣는 나, 비난에 기죽는 나, 그래서 농담하며 웃어버리는 나, 비누거품처럼 날리다 터져버리는 나… 그렇게 흔적도 없어지는 나를 꿈에서 만난다. 냉담하게 가버리는 친구의 뒷모습에 가슴이 무겁고 답답하여 잠자리에서 휘청하며 일어난다. 그러나 현실에서 나를 두고 가버리는 건 나였다. 이 꿈은 자신을 사랑하지 않는 나에 대한 이야기이다.

● 만나기로 약속은 했지만 가버린 줄 알았던 친구가 기다리고 있어서 함께 차를 타고 가는 꿈을 꾸었다. (2020년 4월 7일)

요즘은 잘 만나지 못하는데, 지난 꿈에 나온 친구가 또 나왔다. 아직도 친구와 풀지 못하고 대면해야 할 숙제가 있다고 말하는 것 같았다. 우리는 서로의 그림자를 품고 있고, 나는 아직 그 그림자를 자각하지 못하고 있다. 그래서 같이 가는 차를 타고 함께 가야 한다. 반복해서 나오는 친구가 중요한 이야기를 하는 것 같아서 친구의 성향을 다시 곰곰이 생각해보았다.

그 친구는 가족을 위해 자신을 희생하는 사람이다. 늘 다른 사람을 돋보이게 해주고 받쳐주는 역할을 한다. 지금도 손녀, 손자를 잘 돌봐주는 할머니 역할을 잘 해내고 있다. 친구는 누군가에게 도움을 주는 걸 가장 기뻐한다. 이 부분이 나의 숨겨진 그림자라고 꿈은 말한다. 상담자로부터 내가 구원자 콤플렉스를 갖고 있다는 말을 들었다. 가족은 놔두고 바깥에서 내담자나 후배들에게 도움이 되고자 몰입하는 내 부분을 말하는 것 같다. 가족을 돌보는 친구를 보면서 나하고 다른 성향이라고 여겼는데, 대상이 달랐을 뿐 자신을 도움을 주는 역할로 규정하고, 도움을 주면서 우월함을 느끼며 살아온 모습이 똑같다. 우리가 많이 달라 보였지만 본질이 똑같아서 친구였다.

날지 못하는 새

● 남편이 야외 잔디밭에 있고, 분홍 새들이 날아다니는 게 보인다. 집 현관 입구 벽에 참새로 보이는 새가 붙어 있다. 파리채로 건드리듯 툭 치니 떨어진다. 옆에 분홍색 새, 연보라에 분홍 머리의 새도 붙어 있어서 툭 쳐서 떨어뜨린다. 참새 한 마리는 안쪽에 떨어져 있다. 손바닥에 놓고 나와서 보여주려는데, 바람이 불어서 풀숲으로 떨어져서 없어진다. 참새 한 마리는 죽은 듯 보인다. (2021년 3월 12일)

새는 하늘을 나는 자유로움과 영성, 신들의 전령이기도 하다. 새는 일반적으로 생각, 영감, 들뜬 열성 등 가볍고 의기양양한 것을 상징한다. 벽에 붙은 새들은 날지 못하고 의존하고 있는 부분들로 느껴졌다. 내 안의 약하고 소외된 부분, 불우한 부분, 억압받는 부분이다. 특히 남편, 즉 아니무스와의 관계에서 심하게 의존하고 있는 부분인 것 같다. 이제 그것들이 나에게서 죽고 떨어져 나가기를 바란다. 그래서 날개를 펼쳐 날지 못하고 제구실을 못 하는 분홍색의 새와 참새를 파리채로 쳐서 떨어뜨려 버린다. 한 부분은 아예 죽은 것 같고 나머지 부분은 풀숲으로 숨어 버린다. 이 꿈의 은유는 슬프기조차 하다. 씩씩한 척하며 걸어가고 있는 나를 붙잡는다. 의존 문제를 여전히 해결하지 못해서 자유롭지 못한 나를 대면할 필요가 있다. 풀숲으로 숨어 들어가 안 보이는 척할 일이 아니다. 꿈은 진지하게 나를 대면할 필요성을 강조하고 있는 것 같다.

예전에 내 상담자는 되풀이되는 내 인생의 중요한 주제가 "나는 나쁜 년이에요"라고 말했다. 나는 아이로서 들을 수 있는 온갖 욕과 비난을 엄마한테 들었고, 그렇게 어른이 되었다. 중학교 때는 외할머니랑 같이 지냈고, 여고 때부터는 나도 악을 쓰며 덤볐기 때문에 감당을 못한 엄마는 구조요청을 했다. 일하던 외삼촌이 달려올 때도 있었고, 이모가 쫓아 올 때도 있었다. 조금만 더 피부의 벽이 얇았으면 몸이 터져버릴 것 같은 감정이 나를 압도했었다. 한번은 외삼촌이 그랬다. "네 엄마 성격도 이상해, 그래도 어쩌겠냐?" 나는 그 뒤로 유일하게 나를 이해했던 어른이 외삼촌이었다고 판단했다. 그 말이 그나마 나를 지탱해주었다.

엄마도 보살핌이 필요했을 것이다. 외할머니는 부지런했지만 매정한 부분이 있었다. 시어머니인 할머니도 소문나게 냉정한 사람이었다. 그들은 모두 사랑받지 못한 사람들이었고, 서로를 사랑할 줄 몰랐다. 아버지는 번 돈을 자식들의 미래를 위해 투자해야 한다는 것을 몰랐다. 식구를 위해 돈을 벌어야 하는 걸 억울하게 생각하고 아까워했다. 그래서 나는 아이들에게 돈만 잘 주었다. 그건 결과적으로 돈이 없는 것보다 더 좋지 않은 상황을 만들었다. 부자가 되어 행복하게 살고 싶었던 생각이 얼마나 헛된 의식이었는가를 나이 먹어서야 알게 되었다. 삶에 대한 개념과 정의가 딱 그 생각만큼 가볍고 얕았다는 걸 늦게야 알게 되었다. 깊고 무게를 갖기에는 작은 머리가 너무 혼란했다. 소리를 지르고 원망하는 엄마라는 세상 앞에서 실패와 무가치를 향해 달려갔고, 멈추지를 못했다.

3장

내 안의 아니마와
아니무스

남성성과 여성성을 받아들이는 것은
용기가 필요하다

꿈속에 나타나는 여성과 남성은 일반적으로 남성에게는 아니마 anima라는 여성적 인물로, 여성에게는 아니무스animus라는 남성적 인물로 나타난다. 아니마와 아니무스는 그림자보다 더 깊은 무의식을 나타내는 주관적 인격들로 영혼의 특성을 드러내는 집단 무의식의 영역이다. 남성에게 부정적 측면의 아니마는 수동성과 변덕스러움이고, 긍정적인 측면은 보다 수용적이고 경청하며 기다릴 수 있다. 여성의 부정적인 아니무스는 잔인한 비평과 행동, 고집스러움으로 나타나고, 긍정적인 측면은 용기와 지성, 영성에 대한 능력이다

3장은 나를 버리고 가는 남편이 나오는 꿈을 통찰하게 된 전환의 이야기이다. 꿈속에 나타나는 인물, 사물, 배경이 나의 일부분을 상징한다는 것을 알고 있으면서도 현실 모습과 겹치는 남편을 내면의

아니무스로 이해하는 것은 어려운 일이었다. 융의 자서전을 머리맡에 두고 잠이 든 날, 남편이 내 안의 남성성이었음을 비로소 인식하게 되었다. 그다음 날부터 꿈속에서 긍정적인 모습으로 변화한 남편이 나타나기 시작했다. 내가 나를 배신하지 않는 한 누구도 나를 배신할 수 없다는 메시지를 이해하게 되면서 꿈속의 인물들은 나를 돕는 역할로 나타났다.

꿈이 바뀌면서 실제 남편을 바라보는 마음도 부드러워지고 당연하게 여겼던 것들에 고마움을 느끼게 되었다. 일찍 일어나서 아침밥도 은근슬쩍 챙겨주기 시작했다. 인생은 어차피 혼자 견뎌야 한다고 생각했는데 옆에 든든한 사람들이 있으면 좋겠다고, 내가 그런 사람이 되었으면 좋겠다는 생각이 들었다. 여고 졸업 때 내 손을 밟는 폭력배가 등장하는 최악의 아니무스 꿈으로 시작하여 다친 손이 치유되는 꿈까지 이어지면서 변화과정이 무척 신기했다. 아니무스의 변화는 새로운 정체성을 위해 낡은 정체성이 죽어 없어져야 할 정도로 어렵고 대단한 용기가 필요하다고 융은 말했다. 꿈에서 밟힌 손도 현실에서 다친 손과 연결되고, 다친 손의 의미는 여성성을 제대로 사용하지 못하는 상징이었다는 것도 알게 되었다.

발달 과정에서 아니무스는 개성화로 갈 수 있는 다리가 되어준다. 아니무스를 변화시키기 위해서는 엄청난 고통이 뒤따른다. 새로운 정체성을 획득하기 위해 낡은 정체성은 버려야 하기 때문이다. 그것은 죽음을 통과하는 용기가 필요하다고 말해질 정도이다.

아니무스 인격은 꿈에서 변화, 성장하는 모습을 직접 경험하기 전에는 이해가 어려웠다. 꿈꾼 이와 반대되는 성의 인물은 꿈꾼 사람의 내면에 깊은 그림자 성격이라는 것을 깨달을 필요가 있다. 1단계의 성숙하지 못한 아니마, 아니무스는 부정적인 모습을 내포하고 있다. 그 그림자를 내면에서 수용하게 되면 바로 다음 날부터 꿈속의 인격은 극적인 변화와 성장을 보여주게 된다.

오래된 꿈

● 계곡에서 바위를 잡고 기어오르려는데, 불량배 같은 남자가 내 손을 밟아서 굴러떨어진다. 다시 기어오르려고 하지만 손아귀에 힘이 빠져 자꾸만 미끄러지고, 폭력적인 남자도 위에 버티고 있어서 절망적인 꿈이다. (1975년 2월 9일)

내가 바위를 밀어 올리는 그리스 신화의 시시포스도 아니고, 얼마나 힘들었으면 아직도 기억에 남았을까? 여고 졸업 무렵의 악몽이며 오래된 꿈이다. 한 번씩 생각났고, 지금까지 뚜렷하게 남아 있다.

지금 꿈을 보면 물이 흐르는 계곡 아래에서 충분히 자신의 내면을 바라보는 시간이 필요했을 것 같다고 생각한다. 자신을 돌아볼 여지가 없던 나이의 나는 무작정 계곡을 벗어나 위로 올라가겠다는 한 가지 생각밖에 없었다. 여고를 졸업하고 대학 생활을 시작하는 낯선 환경에서 필요한 아니무스는 한마디로 폭력적이었다. 아버지와 대화를 해 본 적도 없고 칭찬을 들어본 기억도 없었으니 적극적이고 성취 지향적인 남성성은 배우지를 못했다. 아버지로부터 배운 폭력적인 지옥을 깊은 곳에서 불러낸 것 같다. 나는 남성에 대한 존중심을 잃어버렸고 고립을 선택했다. 바깥을 향한 사회성과 성취 욕구는 닫혀버렸다.

꿈속의 폭력배들도 결국 내가 나를 대하는 방식을 보여줬다는 것도 이제는 알 것 같다. 내가 계속 자신을 그렇게 대한다면 현실에서도 똑같은 일이 일어날 것이라는 경고이기도 했을 것이다. 내면에서 자기를 무지하게 대하는 부정적인 남성성에 직면하라는 이야기였을 것이다. 결국 나는 잔인한 운명에 휘둘리는 희생자로 세상을 경험하기 시작했다.

여성 내면의 폭력적인 아니무스가 변화하지 않으면, 여성의 복수 방법은 아프거나 냉혹해진다고 들었다. 아픈 몸과 냉혹함은 나의 엄마가 지속적으로 보여준 태도였고 나도 그 방법을 사용했다. 그것이 상처받은 내가 남편과 가족에게 복수하는 방법이었다.

그러고 보니 꿈을 꾸고 1년 후에 손목을 다쳐서 지금까지 후유증이 남아 있는데, 꿈속에서 발에 밟힌 손이 현실에서 재현된 것이 아닌가 생각이 든다. '손 없는 소녀' 신화에서 로버트 존슨은 잘린 손의 상처는 인생의 가치와 의미가 부식되는 것으로, 가장 귀중한 영역과 세상 속에서 여성성을 잃는 의미로 해석했다. 아버지에게 버림받은 딸이 남편을 만나서 은으로 된 손을 갖지만, 진짜 손이 재생된 것은 혼자 힘으로 아이를 키우며 숲속의 삶을 산 이후였다.

45년이 지난 후에야 절벽을 안전하게 오르내리는 꿈으로 바뀌었다. 혼자서 바닷가 절벽을 타고 내려가다가 남동생이 위에서 부르는 소리에 가볍게 다시 올라가는 꿈도 꾸었다. 꿈과 소통하며 아니무스도 변화한 것으로 보인다. 위에 있던 폭력배는 안내자로 바뀌고 말을 잘 듣는 남동생으로 바뀌었다. 그 외에도 나이 든 남자나 할아버지가 꿈속에서 도와주는 역할을 해주고 있다. 현실에서도 잔소리가 많던 남편도 착해져서 솔선수범하여 나를 도와준다.

죽음

● 아버지가 죽었는데 아무렇지도 않다. 근데 다음날 성당에서 열린 장
례식 중 사람들 뒤에 숨어서 나는 몰래 슬퍼한다. 울다가 문득 죽은 남자
는 아버지가 아니라 남편이었다는 걸 깨닫는다. 그러고 보니 나는 아기
를 안고 있는 미망인이다. (2017년 5월 7일)

아버지의 죽음 뒤에 새로운 탄생을 알리는 아기까지 나타난 꿈이
다. 꿈속의 아이를 보며 아기 예수의 탄생과 십자가 죽음이 의미하는
부활을 떠올렸다. 내 무의식 안에 아니무스의 변화로도 볼 수 있는
데, 남성성에 대한 인식의 변화가 시작된 꿈인 것 같다. 아마도 농민
운동을 하던 김미영 선생님을 보며 진취적이고 건강한 남성성에 놀
랐던 때 꾸었던 꿈이었던 것 같다.

꿈에서 누군가 죽으면 꿈꾼 사람의 인격이나 성격이 바뀐다. 이
제까지의 삶보다 온전하고 성숙한 모습으로 변화할 수 있게 되는 것
이다.

오늘 요가를 하다가 갑자기 생각이 났다. 나는 지금 흉내만 내고 있구나. 아플까 봐, 힘들까 봐 미리 겁내고 흉내만 내며 살아버렸구나. 치열, 상처, 우정, 모두가 흉내였구나. 치열해 본적 없이, 상처받은 적 없이, 진정으로 주고받은 적 없이 한세상이 흘러갔구나. 흉내만으로 살 수 있었던 건 운이 좋았던 걸까? 속고 속이는 재미로 열심히 삶을 이용한 걸까? 내 마음의 벽 속에 사는 작은 여자가 끝없이 속삭인다. '진짜 너니? 원하는 게 맞아? 슬픈 게 맞아? 정말 느끼고 있어? 정말 부끄러운 걸 알아?'

63살 딸을 배웅하러 87살 아버지가 기우뚱거리며 걷는다. 지하철을 타고 진주로 가는 버스를 타는 것까지 보고 돌아서는 아버지, 그 뒷모습을 나는 결코 보지 않을 것이다. 내가 길을 못 찾고 두려웠던 건 어린애였을 때이고 그때 아버지가 필요했다. 악을 쓰며 무참하게 살아온 나를 이제야 아버지가 일부러 잠을 깨어 허둥지둥 바래다준다. 그 길을 돌아가 다시 누워 잠을 청할 아버지, 아버지와 손잡고 가는 딸들을 경이롭게 쳐다보며 험하게 세상을 건너왔는데, 늙은 아버지는 어쩌자고 진주행 버스가 떠날 때까지 거기 그렇게 쓰러질 듯서 있는지.

총에 맞은 남자

● 마을 저 멀리에서 하늘로 연기가 피어오른다. 전쟁은 아닌데 비슷한 일이 일어난 것 같다. 방문이 벌컥 열리며 양복을 입은 남자가 문턱에서 방으로 엎어지듯 쓰러진다. 나는 그 남자가 등에 총을 맞았다는 걸 안다. 내 뒤쪽에 남편이 있다. (2013년 4월 12일)

외할아버지는 여수 순천 10.19사건 전에 시위대에 참가했다가 총에 맞아 돌아가셨다. 11살이었던 엄마는 웃으며 외출한 아버지가 주검으로 돌아온 것을 보았고, 중학교도 다니지 못하고 네 남매의 큰 딸로 살아왔다. 엄마는 불가피하게 역사의 상처와 희생을 겪었는데 오로지 자기 혼자 세상의 피해자인 것처럼 슬퍼했다. 자신을 끝까지 돌봐주지 못한 아버지를 그리워하며, 도움도 안 되는 남편과 자식이라며 화를 냈다. 자신을 돌봐줄 대상을 잃어버린 엄마는 자식들의 의존을 감당하지 못했다. 오히려 자신을 돕지 못하는 어린 딸을 원망하며 비난했다. 엄마는 저승의 아버지에게 의존했고, 나는 엄마의 젖을 먹으며, 의존은 여기 있는 게 아니라 저승에 있다고 감지했었나 보다.

엄마한테 욕을 하도 많이 먹어서 우리 집 딸들은 착하게 보이려고 애를 썼는데 엄마 마음에 들 방법은 없었다. 우리는 각자 엄마의 불행함에 깊은 죄책감으로 힘겨웠다. 견디기 힘든 죄책감을 옆 사람들에게 나눠 지우기 위해 걸리기만 하면 비난하고 원망했다. 내가 나쁘다는 그 느낌이 죽을 것 같아서 목숨을 걸고 다른 사람을 비난했다. 특히 엄마가 하던 대로 남편을 비난했다. 아들이 어렸을 때 골목에 심각하게 마주 서 있는 남녀를 보더니 그랬다. "저 아저씨가 아줌마한테 혼나고 있다."

꿈을 꾸고 나서 엄마에게 외할아버지가 등에 총을 맞은 거냐고 물었더니 그렇다고 했다. 내가 외할아버지 꿈을 꾼 것 같다고 했더니, 엄마는 꿈에서 한 번도 아버지를 못 봤다고 했다. 왜 외할아버지는 손녀딸의 꿈에 나타났을까? '죽은 사람을 보지 말고 산 사람에게 돌아가라.' 문득 떠오른 문장이다. 엄마가 죽은 아버지에게 매여서 남편에게 불만을 토로했듯이 나도 마음에서 아버지를 죽이고, 엄마처럼 하고 있기 때문이다. '나는 죽었다. 뒤를 봐라, 살아 있는 너의 남편이 거기에 있다', '살아 있고 건강한 아니무스를 대면하는 것이 너의 숙제이다.'

합리적 자아에게 변화가 필요할 때 꿈은 죽음을 보여준다. 무엇이 올지 알 수 없는 시간을 지켜보면서 어둠 속에서 견디는 것은 가장 어려운 과제다. 인간에게 가장 오래된 공포와 불안을 일으키는 원인이 죽음 같은 미지의 것이다. 어둠 속에서 충분히 견뎌내고 죽음 같은 고독을 통과할 때 우리는 비로소 빛을 향해 일어설 수 있다. 악마의 유혹을 견디는 광야의 시간이다.

택시와 할아버지

● 성당으로 올라가는 길에 주차하면서 뒤에 차가 있는 걸 보고 조심해서 주차해 놓고 지나가는데, 서 있던 젊은 부부가 뒤에 있는 자기들 차에 부딪혔다고 말을 걸어온다. 나는 알고 주의하며 주차를 했기 때문에 부딪히지 않았다는 걸 알고 있다. 안 부딪혔다고 하면서 돌아보니 뒤에 있던 차는 자가용이 아닌 택시이다. 택시 주인인 젊은 부부를 지나쳐서 성당으로 올라가면서 내가 옷을 정장으로 입지 않고 머리도 단정하지 않은 걸 알고 당황한다. 다시 집에 가서 옷을 갈아입고 올 시간이 될까? 시간을 알아보려고 길가 카페 베란다에 앉은 할아버지가 보여서 물어보려 기웃한다. 할아버지는 나를 쳐다보고만 있다. 카페 안에 둥근 시계가 걸려 있고 시간은 9시 반이라는 게 보인다. 30분이 여유가 있긴 하지만 집에 다녀와도 될까, 어떻게 할까 고민하다 잠이 깨었다. (2018년 2월 5일)

손님을 태우고 다니는 택시가 젊은 날의 우리 부부 모습이라는 것을 알려주는 부끄러운 꿈이다. 내가 가야 할 길을 주체적으로 가는 게 아니라, 택시처럼 손님이 원하는 대로 다녔다는 걸 말하고 있다. 주도권을 아무 데나 줘버리고 밖으로 헤매다니던 우리 부부의 쓰라린 자화상이다. 그러나 이제 나는 다행스럽게 뒤에 있는 택시를 보고 조심해서 주차했다. 꿈을 꾸고 나서 부끄러웠다. 자동차로 상징되는 우리 부부의 삶의 방향이 타인에 의해 다니는 택시였다는 은유는 너무 직접적이어서 감추고 싶을 정도였다.

또한 공식적인 미사 시간에 부적절하게 옷을 입은 꿈은 흔히 어느 정도 페르소나의 가면이 벗겨지는 상황을 나타낸다. 그동안 감춘 것을 스스로 대면해야 하는 것이 두렵다.

성당에 미사를 간다는 것은 신 앞에 나서겠다는 의지인데 여전히 준비가 덜 되었다. 머리와 옷이 엉망이라는 것은 고백성사가 필요하다는 것으로 보인다. 꿈을 꾸었던 당시에는 성당으로 들어가기 위해서 회개가 필요하고 준비할 시간이 남아 있다고 생각했다. 그러나 꿈속에 엉킨 머리와 엉망인 옷차림의 나를 다시 돌아보면 벌거벗은 것 같은 느낌이다. 무슨 짓을 했는지 다 드러나 버린 것 같다. 그렇다면 차라리 벗은 그대로 신의 제단 앞에 엎드리라는 이야기였다. 다시 재정비하여 자신을 속이지 말고 지금 잘못된 그대로를 보여주는 것이 진정한 회개라는 것으로 느껴진다.

조바심을 낼 때 꿈속의 안내자로 나타나는 할아버지가 벽에 걸린 시계를 보여준다. 내가 준비만 되면 할아버지의 도움을 받을 수 있을 것 같다. 둥근 시계는 우주적 질서의 상징으로 가끔 현대인의 꿈에 나타난다고 한다. 우주적 질서는 이 꿈에서는 용서의 시간으로 이해하고 싶다. 발가벗겨진 모습 그대로 신의 제단 앞에 서는 것이 내가 할 수 있는 전부였고, 용서와 회개는 신의 몫이라는 걸 이제야 알 것 같다. 아직도 솔직할 수 없는 나를 만나기 위해 남은 시간이 30분이다. 30분은 촉박하고 짧은 시간이다.

반복되는 꿈, 셋

● 젊을 때부터 40년 넘게 반복되는 악몽 중의 하나가 남편이 바람을 피우고 연락이 안되서 가슴이 답답해지는 꿈이었다. 오늘도 남편이 젊은 여자와 바다에서 보트를 타고 가는 꿈을 꾸며 잠이 깼다. (2021년 1월 30일)

잠에서 깨어 누워 있는데 갑자기 꿈의 의미가 확 다가왔다. 남편 이야기가 아니고 내 이야기였다. 남편이 바람을 피우는 이야기가 아니고 내가 바람을 피운다는 이야기였다. 내가 중심에 있지 않고 밖으로 떠돈다는 이야기였다. 꿈 이야기로 책을 만들겠다고 생각하고, '융의 자서전'을 겨우 반쯤 읽었을 때였다.

꿈을 꾸기 전날, 주말 동안 집중해서 융을 계속 읽을 계획이었는데, 친구가 '주말 날씨가 너무 좋다. 산책하자'고 올린 카톡을 봤다. 나는 중요한 내 시간을 깨뜨리고 싶지 않았음에도 불구하고, 전화를 걸어서 산책 약속을 했다. 전화를 끊으면서 약간 어지러운 거처럼 아찔한 느낌이 들었다. '뭐지, 그래도 괜찮아. 맛있는 점심을 먹고 산책도 필요해'하며 나를 다독였는데, 어제의 내 모습이 꿈속의 남편과 겹친다는 것을 깨달았다.

남편이 아내인 나를 두고 다른 여자들과 노는 꿈은 내가 중요한 일이 있을 때 나를 내버리고 다른 사람과 노는 내용을 보여주는 꿈이었다. 상대방의 가볍고 사소한 말에 내 소중한 시간을 할애하는 게 문제인 것이다. 상대방은 대수롭지 않은 일이고, 나는 매우 심각한 일인데도 내가 나를 살피는 급한 일을 먼저 하지 않고, 다른 사람을 위하는 이야기였다. 아내를 뒷전에 놔두고 다른 사람을 먼저 배려하는 남편의 평소 태도에 밖으로 도는 내 모습을 투사한 것이다. 가족과 자신을 중요하게 여기지 않는 남편이 너무 멍청이 같아서 성질이 났었는데, 내가 더 지독한 멍청이였던 것이다.

벼락처럼 꿈이 뚜렷하게 이해되어 아침부터 골프장으로 총총 나가는 남편을 그저 멍하게 바라보았다. 약간 기쁘고 조금 슬픈 마음으로 남편을 쳐다보니 40년의 시간이 길게 따라 나가는 것이 보였다. 혼을 빼놓은 채 '자기(Self)를 버려두고 다른 데서 헤매는 자아'를 남편에게 투사해놓고 사는 나에게 꿈은 '정신 차리라고, 자기를 버리지 말라'고 계속된 악몽을 보내주고 있었다. 꿈을 살펴보자 하고 융의 자서전을 반쯤 읽었는데 이런 통찰이 일어난다면, 융 자서전을 다 읽으면 어떻게 될까 궁금하기도 하고 만감이 교차했다. 이 꿈을 통찰하고 나서 꿈을 계속 살펴볼 용기도 생기고, 꿈들이 연결되며 이해되기 시작하였다. 나로서는 굉장히 중요한 전환이며 통찰의 시작이 되어준 꿈이었다. 실제 생활에서 나에 대한 이해가 생기자 남편을 비난할 필요도 없었다.

　내가 남편과 지내는 실제 모습뿐만 아니라, 내면의 아니무스를 경험하는 방식을 보여주는 이 꿈은 글을 쓰는 동안에도 스트레스 상황이 생길 때마다 반복되었다. 내가 실제 생활에서 갈등이 생기면 남편이 배신하는 꿈이 나타났다. 갈등 상황에 멈춰서 잘 느끼려 하기보다는 회피한다는 걸 무의식에서 알려주려는 의도 같았다. 꿈에 대한 이해가 조금씩 더 생기면서 꿈과 현실의 인과관계까지 생각해보게 되는 계기가 되었다. 무의식에서 나의 반복된 정서를 평생 알려줬지만, 내가 알아듣지 못했을 때 꿈이 현실로 드러난다는 걸 알았다. 내가 꿈을 외면하며 살아온 결과는 멈추지 않고 밖으로 도는 남편과 외국으로 떠나버린 딸이라는 쓰라린 현실로 나타났다.

아기 속옷을 사야 한다

수요일 새벽 6시 16분에 서울로 출발해서 전시를 보고 목요일 밤 0시 16분에 진주에 도착했다. 76세의 여성 작가 '메리 파이퍼'가 쓴 책 하나를 가방에 넣고, 86세의 여류 화가 '로즈 와일리' 그림을 보러 갔다. 그 나이들을 보며 지금 내 나이에 위축될 이유가 없다고 용기를 갖고 싶은 숨은 소망이 있었나 보다.

목요일은 신부님과 예약된 면담을 위해 서강대 앞으로 갔다.

"융 자서전을 읽었더니 잊었다고 여겼던 여러 가지 일들이 생각나요. 숨겼던 이야기를 해야 되겠어요." 신부님은 들으시다가 고백성사로 전환시켜 죄를 사해주는 사죄경으로 하느님께 기도해주시고, 꿈 이야기를 마저 들으셨다. 고백성사가 꿈의 여정을 떠나기 위한 의례가 되는 것 같아서 힘이 나고 안심이 되었다. 내면 여정을 떠나기 전에 고백성사가 필요하다는 글을 읽은 기억도 났다. 보속補贖은 요한복음 8장 3~7절을 읽는 것이었다.

남편이 나오는 반복적인 꿈이 사실은 끝없이 '내 중심에서 달아나는' 나의 투사였다는 통찰을 들으시고, 그다음 꿈이 뭐냐 하셨다.

그러게요. 내가 꿈꾸고 내가 기록하고도 연결을 못 했다. 눈앞에 보여줘도 혼자서는 의식화가 안 된다. 바로 다음 날 꿈이다.

● 속옷 가게인데 반달 떡을 한 봉지 놔둔 걸 본다. 어제도 봤다. 종이 봉지의 부스럭 소리를 내며 녹색 달떡을 하나 꺼내먹는다. 주인이 나와서 아기 속옷을 사라고 한다. 방에는 남편이 누워 있고 두 살 정도의 아기가 있다. 나는 스키를 타기 위해 나가려 하고 있다. (2021년 1월 31일)

'밖으로 도는 나쁜 남편'이라는 투사를 드디어 제대로 알아차리고, '내면에 집중하지 못하는 멍청한 나'로 보게 되자, 다음 꿈에서 남편은 집으로 들어와 얌전히 방에 누워 있는 것이다. 두 살 아기는 새로운 방향으로 시작하는 나의 정신으로 보이고, 방에 누운 남편은 집으로 들어온 아니무스 형상으로 볼 수 있을 것 같았다. 신부님께서 앞으로 꿈에서 남편과 아기가 어떤 모습으로 변화할지 궁금하다고 하셨다. 누군가 내 꿈을 지켜봐 주고 같이 따라가고 있다는 느낌이 든든했다. 꿈을 봐줄 사람이 필요하고 중요하다는 생각이 들었다. 녹색 달떡을 먹는 것은 달의 기운을 받은 것으로 봐도 될까. 여성이 갖는 직관의 능력과 변화의 신비를 의미할지도 모른다. 아기 속옷을 사는 것은 아기를 보살핀다는 뜻이고 아기를 키우기 시작했다는 뜻이다. 이제 내면의 아기를 돌보려고 하는 것 같다. 내가 놀랄 정도로 내면에 집중한 나 자신을 본다.

　늘 잊어버리거나 돌보지 않던 아기가 방에 있고, 속옷을 사서 아기를 키울 준비도 하고 있다. 나는 밖에 나갈 준비를 하고 있는데, 다행히 남편이 아기랑 같이 있어서 안심이 된다. 꿈속에서 늘 남편이 나를 두고 가버리고, 내가 남편을 따라가느라 아이를 잃어 버렸는데, 남편과 아이가 같이 집에 있다는 것은 엄청난 변화로 보인다. 꿈에 대한 글쓰기를 시작한 것이 아기를 돌보고 키우는 상징인 것도 같다. 아기는 창조성과 가능성 등 발현되지 못한 잠재력을 의미하기 때문이다. 스키를 타러 가는 것은 성인이 되기 위한 심리적 성숙 과정으로 오르내리는 상승과 하강의 과정을 연습하는 모습일 수 있겠다. 스키장도 흰 눈이 덮여 있는 곳이어서 하늘과 땅의 연결된 장소일 것 같다.

이집트와 러시아

● 병원에 간호사들이 있다. 며칠 전에 동료 간호사가 죽었는데 러시아에 가는 것이 소원이라고 했기 때문에 내가 간다. 그런데 새파란 하늘이 쫙 펼쳐지며, 그곳이 러시아라고 한다. (2010년 6월 8일)

● 남편과 이집트를 여행 중이다. 길옆에 세워진 한국 버스가 있는 걸 보고 탄다. 아무도 없어서 남편과 통로에 누우려는 순간, 버스에 올라온 한국 여자가 다가온다. (2020년 5월 17일)

첫 번째 꿈은 러시아가 '새파란 하늘'로 나타나서 잊히지 않는 오래전 꿈이다. 노어문학과에 다니는 아들이 러시아에 유학갔을 때인 것 같다. 꿈꾼 직후에 어떤 분이 나에게 러시아에서 살았던 전생이 보인다고 해서 기겁을 하기도 했다.

외국이나 낯선 장소는 내 꿈의 단골 무대이다. 학교나 교육장이 그다음을 차지한다. 어떤 나라 이름이 분명하게 나올 때는 드문 편인데, 더구나 이집트이다. 피라미드와 수수께끼가 가득한 고대 문명의 나라이다. 사후세상이 더 중요했고, 밤하늘의 신은 '누이트'로 불리는 여신이었다. 여신이 땅에 있는 게 아니라 하늘에 있는 것이다. 나는 익숙한 우리 집이 아닌 신비한 장소인 이집트까지 찾아가서 남편과 융합을 시도한다. 원형적이고 신화적인 장소인 것은 반가운 일인 것 같지만, 이집트까지 따라와서 침입하는 여자 그림자는 섬뜩하다.

그림자 여자는 죄책감에 잠긴 젊은 내 모습일 뿐만 아니라 엄마의 젊은 모습, 동생의 모습, 소이의 모습을 전부 보여준다는 것을 이해하게 되었다. 그림자를 피해 다니며 가면을 두껍게 만들어서 쓴 나도 끈질기고 독하다. 다양한 모습과 방법으로 의식과 만나기를 원했던 그림자의 끈질김과 독함도 확실히 알겠다. 그림자를 남겨놓고는 아니무스도 제대로 만날 수 없다는 것도 알겠다.

이집트 피라미드를 향해 보물을 찾아가는 '연금술사'를 읽으면 '마크툽'이라는 아랍어가 나온다. 종교적인 의미로 쓰이는 아랍어인데 "그건 내가 하는 말이 아니라 이미 씌어 있는 말이다"라는 의미라고 각주가 붙어 있다. 나는 그 단어를 보며 눈물이 났다. 이미 씌어 있는 말, 바람에 새겨져 있는 말, 천지 만물에 이미 입력되어 있는 말, 그것은 "자아의 신화를 떠나서 자기만의 보물을 찾아내야 한다"라는 말이라고 한다.

나비 귀걸이

● 지나가던 여자가 바닥에 떨어진 내 귀걸이를 주워준다. 고리에서 풀려나간 초록색 나비 모양이다. 다시 이어보려다 나는 실패하고 그걸 보던 여자가 손을 내밀어 이어준다. 귀에 걸려고 하지만 거울이 없어서 난감해하자 여자는 자기 가방에서 큰 손거울을 꺼내서 보이도록 들어 준다. 그래도 내가 귀걸이를 걸지 못하니 여자가 가져가서 쉽게 걸어 준다. 나는 고맙고 기쁘다는 표시로 웃으면서 두 손을 흔든다. 약간 두려운 눈빛이지만 그녀도 웃는다. (2019년 6월 12일)

몰래 침입해오던 그림자가 아닌, 보살펴 주는 긍정적 그림자가 출현했다. 내가 떨어뜨린 나비 고리를 이어줌으로 나비가 의미하는 변화를 일깨우려는 것 같다. 나비가 되기 위해 고치 상태를 견뎌내야 하는 정신의 죽음을 촉구하는 것일 수도 있다. 거울까지 보여주며 내가 대면하기를 도와주지만, 나는 준비가 덜 된 것 같다. 거울은 내면을 성찰하는 능력을 상징하는데 나는 거울을 갖고 있는 여자를 드디어 만난 것이다.

헤어지는 손짓에 그녀가 두려운 표정을 짓는다는 게 어떤 의미였을까? 아직 때가 안 되었다는 당황한 표정인가? 메시지를 못 알아듣는 나의 해맑음에 당황한 것인가? 그녀의 두려움이 지금 보니 슬픔 같기도 하다. 알아봐 주기를 바랬지만, 알아보지 못하는 나에 대해 어찌지 못하는 서글픔인 것 같다. 집이 아닌 장소에서 다른 방법으로 접근해도 소용없는 내가 절망스러워 두려웠는가?

귀걸이는 우리가 잘못된 것에 귀 기울이게 하는 해로운 영향력에 대한 방지를 상징하기도 한다. '제대로 들어라. 제발 들어라. 어떻게 나비가 되는지 나비가 되기 위해 고치 상태를 견뎌야 하는 걸 알아라.' 초록색 나비는 분명 새로운 생명과 연관된 것 같다. 어둠을 통과해야만 나비가 될 수 있다.

감언이설에 쉽게 빠져드는 것을 경계하라는 메시지이기도 하겠다. 다른 사람 말에 홀라당 잘 넘어가는 데 대한 경고였구나 싶다. 그러고 보니 여자의 두려운 표정은 진실과 거짓을 구별하지 못하고 달콤함에 속는 나에 대한 염려였던 것 같다. 속는 이유는 진실과 거짓을 구별할 총명함이 없는 탓이다. 흐린 눈은 선명하게 볼 수가 없고, 듣고 싶은 말만 들으려는 귀는 속을 준비가 되어 있는 것이나 다름없다. 내게 보이고 들리는 소리는 내가 보고 내가 속삭이는 소리이다. 보고 듣기를 원하지 않는다면 아무도 억지로 내 앞에 가져다 놓을 수 없다. 듣고 싶은 소리만 들어서는 나비로 변화할 수가 없다.

공터로 안내하다

● 외국에 공부하러 갔다. 공부하는 사람들 사이에 끼어 있던 대여섯 살
짜리 아이를 챙기기로 해서 남편이 업고 간다. 내가 와본 곳이어서 남편
을 안내한다. 멋진 가게가 나올 거라며 갔는데, 길 끝에 어두운 공터가 나
오고 바다가 조금 보인다. 아이는 가만히 있고 등에 붙어서 편한 것 같다.
좁은 시장길을 지나가며 음식점이 있기는 하지만, 좀 더 고급 음식점을
가기로 한다. 큰길에 있는 호텔 식당으로 들어간다. (2021년 2월 18일)

요즘 꿈의 배경은 계속 외국이거나 낯선 곳이다. 새롭게 꿈을 탐
색하기 시작하고 무의식의 낯선 부분과 만나는 중이어서 낯선 곳이
나오는 것으로 보인다. 늘 내 꿈은 남편과 아이가 중요한 출연진이었
는데 요즘도 마찬가지다. 그러나 꿈을 나름 살피고 이해하면서 내용
은 완전히 달라졌다. 내가 돌보지 못하고 놓치던 아이를 이제는 남편
이 돌봐주기 시작했다.

한 달 전, 남편과 방에 있던 아이가 두 살쯤이었는데, 지금 업은

아이는 다섯 살이다. 며칠 전에 아이가 중고등학생으로 나타난 꿈도 있었다. 아직 아이들과 소통이 잘 되거나 즐거운 분위기는 아닌 것 같아서 좀 답답하다. 내가 너무 욕심을 부리고 있나 보다.

멋진 가게로 안내를 하려고 했는데 뜬금없이 공터와 작은 바다가 나왔다. 공터는 무의식의 장소로 의식의 통제 바깥에 놓인 장소로 볼 수 있다. 바다는 분명 무의식의 상징이다.

배경 색깔은 어스름하고 정리되지 않은 나무와 풀들이 공터를 둘러싸고 있었다. 공터와 맞닿은 바다 색깔도 배경처럼 어두워 보였다. 정리되지 않은 숨겨진 장소로 남편과 아이를 초대한 느낌이다. 나만 혼자 알던 공간에 함께 들어선 것 같다. 예전 꿈과 달리 요즘 꿈은 남편과 계속 여행을 같이하고 있어서 자연스럽게 숨겨진 장소에 가게 되는 것 같다. 호텔 식당으로 들어가는 건 대극의 의미 같다. 가장 거친 자연에서 가장 인위적인 장소로 옮겨갔다. 거기에다 옆에서 밥을 먹던 남자아이가 가까이 와서 음식이 맛없다고 하는데도 그것을 시켜 먹었다. 여전히 아이의 말을 귀 기울여 듣지 않는 모습 같아서 아쉽다.

갑자기 모습을 드러낸 공터와 어두운 바다 때문에 더욱 기대된다. 무의식의 광활함을 보여주는 상징인 바다는 아직 가려져 있고 어둡다. 그러나 남편과 아이와 함께 있어서 어떤 조짐이 일어날 것 같은 기대가 생긴다. 그 기대와 더불어 삶의 활력도 조금씩 더 커가는 것 같다.

집안일을 돕는 남자

● 가방에서 구겨져 있는 흰색의 천을 꺼내며 걸레라며 빨 거라고 한다. 집에서도 걸레를 내놓고 빨 거라고 한다. 일하는 사람이 아줌마에서 젊은 남자로 바뀌었다며 집에 들어온다. 남편도 집에 있다. (2021년 2월 24일)

● (다른 꿈에서는) 벽으로 드나들던 오래된 여자가 인형의 모습으로 죽었다. 다음 날 이어진 꿈은 청소를 하고 손목의 가시를 빼내는 꿈이다. (2021년 3월 2일)

꿈을 살펴보고 글을 쓰기로 결심하고, 1월 23일 글쓰기 첫 수업 전날에 할머니가 주는 뿌리 열매를 먹는 꿈을 꾸었다, 24일부터 융을 읽기 시작했고, 25일에 집에 들어온 첩에게 다른 집을 얻어주고 나가라고 해야겠다며 처음으로 대응하는 꿈을 꾸었다.

그리고 30일에 여자랑 보트를 타고 가는 남편을 보았고, 그 아침에 '남편의 배신이 아니라 자기(Self)에 대한 나의 배신'을 보라는 반복된 영혼의 메시지였음을 절절하게 깨달았다. 다음 날 31일 꿈에서 남편은 집으로 돌아와서 방에 누워 있고, 두 살 아기가 함께 나타났다. 2월 한 달간 열 번의 꿈에 남편이 항상 함께 있었고, 도와주는 역할을 했다. 절에서 스님 말씀을 오래 듣고 있는 남편도 있었는데, 그렇게 점잖고 마음에 드는 남편 꿈은 처음이었다.

거기다 젊은 남자가 집안일을 돕는 사람으로 나타나고, 걸레를 빨 거라고 한다. 걸레는 정신적인 오물, 즉 험담이나 부정적인 행동이나 말들을 의미한다. 그것들을 깨끗하게 세탁할 수 있다는 것은 희망과 긍정적인 자세로 살아갈 수 있다는 의미일 것이다. 새롭게 변화할 수 있다는 뜻인 것이다. 생전 꿈에 나타나지 않는 남동생과 아들도 요즘 꿈에서는 함께 있는 역할로 나타난다. 3월 12일에 잘생긴 남자가 나를 좋다고 해서 데이트를 했고, 3월 27일에는 현빈과 연애하는 꿈을 꾸었다. 평소 의식적인 내 이상형은 아니지만, 무의식적 이상형이었는가 보다.

절벽을 오르려는 내 손을 밟던 폭력적인 남성과 나를 버리고 가던 부정적인 남성성이 완벽하게 긍정적으로 바뀌었다. 내가 아니무스의 특성인 주도성, 용기, 영적인 지혜 등을 사용할 수 있는 바탕이 만들어지고 있다는 뜻인 것 같다. 그동안 내면작업에 관심을 두었기에 꿈과 만나서 본격적인 진행이 일어났다는 생각이 든다. 제대로 공부를 안 했다고 늘 나 자신을 쥐어박았는데, 꿈과 만나고 꿈이 변화하면서 실제의 내가 정말 애썼다고 칭찬을 하게 된다.

꿈에서 현빈을 본 날, 남편은 '외국에서 차를 못 타서 나한테 도움을 받으려고 전화했는데, 내 목소리가 안 들리는 꿈'을 꿨다고 했다. '흥, 40년간 내가 꾼 꿈이 바로 그거였다, 그대도 고생 좀 해봐라'는 말이 속에서 흘러나왔다. 지나간 시간을 건너왔다고 하면서도 기회만 있으면 비난하고 싶다. 남편은 자신의 삶에 최선을 다해 살았을 뿐이고, 내가 물심양면 도움을 받았다고 하면서도 비난하고 싶다. 그 비난의 칼끝이 결국 나를 겨누고 있다는 걸 알아도 소용없는 순간이 있다.

흰옷 입은 무당

● 방이 일렬로 다섯 개 있는 집인데, 방에 긴 마루가 붙어 있다. 거기에 무당 같은 여자가 머리가 산발한 인형 목을 잘라 문 사이에 걸어놓고 온 집에 피처럼 벌건 것들을 칠해놓고 서랍들은 다 열어서 꺼내놓고, 난장판이다. 섬뜩하고 놀랐는데, 별거 아니다 싶어졌다. 흰 광목 치마저고리를 입고 머리는 쪽진 무당 여자가 휘리릭 지나간다. 방을 치워야 하는데 마당에서 남편, 아들, 다른 사람들이 보고 있다. 돕겠다고는 하는데 모두 바로 덤비지는 않고 밥 먹고 하자 이런 분위기이다. (2021년 3월 2일)

처음에는 놀랐던 집 모습이 생각할수록 점점 멀어지며 하나의 세트장으로 보인다. 그 집도 진짜가 아니었고, 그동안 꿈속에 방으로 스며들던 여자도 인형으로 드러났다. 마지막 해코지를 한 것 같기도 하고, 어떤 방편을 한 것 같기도 하지만 실체가 드러났으니 더 이상 숨을 곳이 없어 사라진 것 같다. 다행스럽게 어질러진 방을 치우는 걸 도와줄 사람들도 있다. 집에 숨어들던 그림자 여자들을 내 안에 숨겨두었던 그림자로 인식하면서 해결이 된 것 같았다. 머리가 잘린 꿈은 머리를 잘라버려야 한다는 것, 즉 지적인 능력이 제물로 바쳐져야 한다고 언급한 것 같다. 내 머리가 아니라, 마음으로 이해해야 새로운 해결책이 열리는 것임을 알아차릴 수 있었다.

지난번 꾸었던 집에 있는 걸레를 빨고 일해 줄 사람이 남자로 바뀌었던 꿈의 연장선일 수도 있겠구나 싶다. 집 안을 청소하는 것은 당연히 마음의 청소이다. 거기에다 일을 도와줄 남자가 집에 들어왔다. 걸레를 빨고 청소할 남자가 집에 들어왔기 때문에 벽을 드나들던 여자는 없어진 것 같다. 무당이 나타나고 한바탕 난리굿이 났다.

다음날 이어진 꿈은 청소를 하고 가시를 빼내는 꿈이다.

● 안 쓰던 싱크대를 청소하다가 뭉쳐 있던 벌침 같기도 하고, 밤 가시 같은 것이 오른 손목 안쪽에 뭉텅이로 붙어서 찌른다. 그러나 다행히 한꺼번에 가시를 빼는 꿈이다. (2021년 3월 3일)

오른쪽 손목은 대학 2학년 때, 유리창을 쳐서 다친 흉터가 있고 불편하다. 그 손목에서 뭉텅이로 찌르던 가시가 빠진 것이다. 다친 손목의 정서적 문제가 해결된 것 같은 기분이 들었다. 특별히 손은 밀고 당기고 주고 뺏으며 꺼안는 관계를 하는 데 쓰이고, 가슴과 연결되어 있어서 진실한 욕구를 표현하는 신체 은유로 본다. 그리고 나중에 알았는데 유리창을 칠 때는 주먹을 쥐고 손등으로 치는 거라고 한다. 나처럼 손바닥 쪽으로 치면 당연히 손목 안쪽을 지나가는 큰 핏줄이 다칠 수밖에 없어 위험하다고 한다.

'손 없는 소녀'에 쓰여 있던 '내면 깊은 곳에 있는 미묘한 통증'이라는 표현은 내 손목에 어울리는 표현같아서 기억한다.

처음에 핵심 감정을 공부할 때 문득 손목의 통증이 생생해지면서 '나는 손으로 유리창을 친 게 아니라 칼로 찌른 거야' 하는 소리가 마음속에서 올라왔다. 흠칫하며 놀라고 있는데, 이어서 '나는 엄마를 죽이고 싶었고, 아버지를 찌르고 싶었어. 죽이지 못한 대신 나를 찌른 거야' 하는 소리가 들렸다. 그 순간 거부할 수 없이 나 자신이 백번 이해되면서 깊은 깨달음에 도달한 줄 알았다. 그 경험은 마음속에 또 하나의 씨앗이 심어진 순간이었고, 그 씨앗이 자라고 피기에는 요원했다.

◆ 무속은 늘 심오한 생태적 회복과 치유에 관한 인류의 오랜 전통이기에 상처가 있을 때, 꿈에 무속적 차원의 경험에서 등장하는 요소나 패턴이 나오는 것은 자연스러울 것이다. 샤먼은 병자의 몸을 떠난 넋을 찾아 포획해서 넋이 떠났던 몸의 생명력을 회복시키기 위해 몸으로 넋을 돌아오게 만든다.

_ 페트리샤 라이스/고혜경 옮김, 『꿈이 이끄는 치유의 길』

누워 있는 엄마

● 집 정리를 못 해서 힘들어하는 나를 도와서 여동생이 가구를 옮겨주는데, 엄마가 방에 누워 있고 남동생도 함께 있다. (2021년 3월 7일)

어렸을 때 외할머니나 이모가 우리 집에 오면 일을 해줬다. 외할머니와 막내 이모는 거의 결벽증처럼 쓸고 닦았다. 결혼하고 우리 집에 동생들과 엄마가 놀러 오면 밥하고 청소해주고 갔다. 내 동생들도 일머리가 있고 살림을 척척 해냈다. 나는 해주는 밥을 얻어먹으며 집주인이 아닌 것처럼 굴었다.

꿈에서 누워 있는 엄마는 내 그림자 모습이다. 집안일 하는 것을 어려워하고 정리를 못 하는 건 게으름이고 우울증이었을 것이다. 이미 체념하고 의지가 없던 엄마처럼 나도 현실을 살아내는 것이 버거웠다. 초등학교 때 백설공주 역을 맡았던 엄마의 추억은 이상과 현실의 괴리를 만들었을까. 가구를 옮겨야 하는 집에 누워 있는 꿈속의 엄마는 시녀가 필요하다.

꿈속의 집은 마음 상태이고 마음에 잘못 놓인 가구들을 재배치해야 하는데, 문제가 엄마 같은 내 그림자가 누워 있는 것이다. 엄마는 나한테 욕하고 비난하던 모습으로 방 하나를 차지하고 있다. 드디어 내면화된 엄마를 정리할 기회인 것 같다. 가구를 옮겨주러 온 여동생은 제자리를 찾지 못하고 있던 가구들을 착착 배치했다. 옷장으로 쓰던 책장은 서재로 옮겨서 본래의 역할로 복원시키고, 침대 옆에 걸렸던 옷걸이는 옷 방으로 옮겼다. 침대 방 창문에는 암막 커튼을 달아 빛을 차단하여 푹 잘 수 있도록 했다. 뒤섞여 있던 물건들이 제 자리를 찾아간 날이었다. 여동생과 남동생은 당연히 긍정적인 아니마와 아니무스로 나타나서 도와주고 있다.

헌 옷과 책을 버리면서 엄마가 누워 있던 방도 말끔하게 치우려고 했으나 잘 안되었다.

"엄마도 힘들어서 큰 딸인 내가 도와주기를 바랐는데, 얼마나 힘이 들었겠어요? 그래도 엄마는 딸한테 그렇게 저주하면 안 되죠. 엄마도 힘들어서 그랬다는 걸 이제야 알겠어요. 엄마도 도움이 필요했던 거지요. 엄마를 도와주지 않아서 미안해요."

그러나 이번 생은 엄마를 만나도 생각대로 되지 않아서 피하고 싶다. 내가 맘먹고 기쁜 이야기를 하면 엄마는 평소보다 배로 힘들고 속상한 이야기를 늘어놓는다. 그래서 깨끗이 정리하려는 우리 집에 와서 '쉽게 안 될 거다'라며 누워 있는 모양이다.

'네, 엄마가 누운 내 방은 내가 고통을 느끼는 방입니다. 그대로 신의 발치에 가져다 놓겠습니다. 내가 해결할 수 있는 일이 아니어서

거기 그저 앉아 있겠습니다.'

'나에게 손 내밀지 말아요. 실패한 당신의 축제, 배고픈 당신의 허기를 내 탓이라고 하지 말아요. 기쁨을 모르는 당신에게 인정받고 싶었던 내 지옥을 당신은 모르잖아요. 여기저기 튀어나온 뼈로 내게 걸어오지 말아줘요. 제발, 그렇게 살점이 떨어지고 움푹 들어간 배를 보이는 건 당신의 초대장인가. 눈물 나는 축제에 내가 기어이 들어와 버렸는가.'

운전대를 맡기지 마라

● 학교에 간다며 약간 말린 고기를 몇 조각 도시락으로 챙긴다. 잘생긴 남자랑 데이트하느라 시내를 한 바퀴 돈다. 내 차에 싫어하는 친구랑 타고 있다. 차가 흔들리며 앞차에 두 번인가 살짝 부딪힌다. 손상은 없다. 붉은색 차가 뒤에 주차하면서 또 슬쩍 부딪힌다. 마른 쑥이 들어 있는 큰 봉지를 친구에게 건네준다. 가슴에 안고 냄새를 맡으면 피로가 풀릴 거라고 말해준다. 나는 집에 가서 말린 고기를 구워 먹어야겠다고 생각한다. 집에는 아까 데이트했던 남자가 누워 있다. (2021년 3월 12일)

차는 앞으로 나가지를 못한다. 제 자리에서 흔들리며 다른 차에 부딪히기만 한다. 나는 친구로 나타난 그림자 여자와 차에 갇혔다. 붉은색 차가 새로 와서 부딪혔을 때 알았다. 늘 방으로 스며들어 오던 그림자 여자가 오늘 꿈에서는 구체적인 얼굴로 나타났고, 장소도 차 안으로 바뀌었다. 늘 나를 대놓고 지적하고 비난하는 친구다. 이 그림자 부분을 받아들이기는 대단히 어려운 것 같다. 해결하지 못하면 차는 아무 데도 가지 못할 거라고 경고하고 있다.

꿈을 생각하다가 『내면작업』을 읽었는데 "열쇠와 지갑은 절대 넘겨줘서는 안 된다"라는 대목이 눈에 들어왔다. "그걸 내주는 것은 당신이 가진 자원이나 삶에 대해서 완전히 통제하라고 맡긴다는 뜻이란 말이오. 당신이 해야 할 정당한 역할은 포기하고 당신의 일부한테 의식 전체를 맡기는 셈이란 말이오. 당신 삶의 운전대는 당신만 잡을 수 있어요. 혼자 힘으로 생각하고 결정도 혼자 내릴 거라고 말해요."

내가 차 열쇠를 넘겨줬다는 생각은 못 하고, 집으로 간다는 생각만 했는데 아니었다. 내 삶의 목적지를 향해 몰고 가야 하는 차를 그림자에게 맡겨놓고 포기하는 것이었다. 내 그림자를 치유하기 위해 차로 돌아와서 대면해야 한다. 나의 그림자 부분을 인정하지 못해서 친구로 만나고 꿈에 나타난다. 그 태도는 굳이 변명하자면 가슴을 다친 상처 때문이라고 하는 것 같다. 상처받은 나를 가슴으로 껴안아야 한다는 건가, 아직 곰에서 인간이 덜 되었나, 쑥이 필요한 것 같다.

이건 아주 오래된 이야기인 것 같다. 엄마의 엄마의 엄마, 조상이 된 곰처럼 그렇게 오래전 이야기. 내가 다시 쑥을 품고 동굴로 들어가야 하는 이야기. 동굴 속에서 쓰디쓰게 혼자 견뎌야 사람이 되는 이야기. 내 안에 품었던 쓸개 같은 엄마를 내놓는 이야기. 결국은 엄마에게 품어지지 못한 아이의 이야기인 것 같다.

"엄마가 나한테 원하는 게 엄마의 마음대로가 아닌가요? 내가 엄마의 마음대로를 거부한 것이 나의 마음대로인가요? 아이인 내가 엄마의 삶에 어떤 영향을 미칠 수 있었나요?"

아이의 도움이 필요했던 엄마는 그림자가 되어 내 안에서 산다. 내 차에 같이 타고 있다. 지금도 나는 엄마를 돕는 아이였어야 한다고 후회를 한다.

엄마는 스무 살의 나를 미친 것 같다고 뇌파검사를 시켰다. 내가 돌아버린 것처럼 길길이 뛰었기 때문이었다. 그때 나는 가능하다면 내 가슴을 찢어발기고 싶었다. 말로 표현할 수 없는 내 속을 벌려서 보고 싶었다. 나는 왜 고분고분 병원에 가서 머리에다 전극을 붙이고 누워 있었을까? 가슴에다 쑥 봉지를 품고 있으면 좋아질 거라고 한다. 나는 여전히 가슴이 찢긴 그림자와 살고 있었구나. 그 불행하고 미친 상처에게 열쇠를 맡기고 살고 있구나. 그러나 집에서 기다리는 남자에게 가고 있다. 아니무스의 에너지를 빌려서 그림자를 대면하려는 계획으로 보인다.

◆ 꿈은 여러 면에서 한국의 건국신화에 등장하는 마늘과 쑥 같다. 호랑이와 곰을 인간으로 탈바꿈시키기 위해 쑥과 마늘이 주어졌듯이, 꿈은 개개인에게 위대하고 심오하며 공유된 인간성을 더 잘 표현할 수 있는 사람으로 탈바꿈하기 위한 처방전을 제공한다. 오늘날 꿈은 지금까지 항상 그래왔듯이, 우리에게 더 많은 자율성과 힘과 용기 그리고 연민과 지혜를 지닌 사람으로 성장하고 발전하는 길을 제시해 주고 있다.

_ 제레미 테일러/고혜경 옮김, 『꿈으로 들어가 다시 살아나라』

아이들이 입원하다

● 초등학교 3학년인 딸이 입원했다. 입원실이 엄청 넓어서 내가 자꾸 입원실 안에 작은 장식품들을 가져다 놓는다. 입원실을 꾸며야 한다고 생각한다. 딸은 퇴원하고 자기 친구가 아파서 입원해야 한다며 데리고 왔다. 친구의 엄마도 왔다. (2021년 2월 22일)

● 넓은 바다 위에 크고 튼튼한 뗏목이 깔려 있고 초등학교 3, 4학년으로 보이는 아이 두어 명이 할아버지 지도로 훈련을 받고 있다. 뗏목과 이어진 집도 보인다. (2021년 3월 28일)

3월 초부터 3학년 남학생과 여학생이 와서 모래놀이 치료와 미술 치료를 하고 있다. 이번 주에도 3학년 아이가 엄마랑 상담하러 왔다. 세 아이 다 자기표현을 잘 못해서 남자아이는 신체 증상이 나타나서 왔고, 여자아이는 자신이 부모의 힘듦과 슬픔을 보살피고 있다. 당연히 자신의 요구는 말하지 않을뿐더러 도움도 바라지 않는다.

아이들 모습을 보며, 스스로 독립적이라고 생각하며 거짓 어른이 된 나와 연결된다. 그래서 숨겨진 깊은 의존은 건강하지 못한 관계를 만들고 상처를 주고받게 했다. 상처를 느낄 때마다 화난 아이가 내 안에서 어쩔 줄 모르며 무너지는 걸 지켜봐야 했다. 나를 찾아오는 내담자들은 모두 나의 부분이라는 걸 확연하게 알게 하는 요즘 상황이다. 내가 소원했던 보살핌과 내가 받아본 적 없던 의존을 지금 이 아이들에게 일깨워주면서 내 안의 아이도 치유될 것을 기대한다.

폰 프란츠는 어른 속의 내면아이가 고통의 근원이라고 했다. 고통당하는 건 아이인데, 어른이 된 부분은 아이가 느끼던 것처럼 그토록 괴롭지 않기 때문이다. 어린 시절의 고통은 최악-진정한 고통-이라고 한다.

책에서 강조하고 있는 것은 '영원한 소년'의 특성을 지닌 어른들의 현실 참여에 대한 중요성이다. 대지에 발을 딛고 견디고 꾸준함을 실천할 수 있어야 한다는 이야기였다. 게으름이 '영원한 소년'의 특징이어서 좋아하는 일만 하는데, 싫어하는 일을 계속하기를 배워야 한다. 또한 좋아하는 일은 지쳐 쓰러질 때까지 하는 '영원한 소년'은 '일의 축제에 떠밀려 감'이라고 표현되어 있다.

고백하자면 나 같은 '영원한 소녀'도 마찬가지다. 하기 싫은 일은 죽어도 못한다. 게으름과 창조성 사이에서 추락하면 진짜 영원한 소녀로 죽음을 맞게 될 것이다. 늘 뭔가 틈을 보이며 아슬아슬하다고 느꼈던 시간들이 이렇게 미성숙한 어린이 그림자 때문이라는 이야기이다.

꿈은 우리의 에너지가 어디에 있으며, 그 에너지가 어디로 가고자 하는지 말해준다고 한다. 내가 초등학교 3학년이었을 때 힘들었던 기억 때문인지 오늘 꿈에서는 3학년 딸이 입원하여 치료를 받는다. 3학년 때 난폭한 원인이 내 맘대로 못해서였을까. 나의 내면아이가 치료가 필요한 것은 사실인가 보다. 꿈이 각자 자신의 고유한 운명을 향해 가도록 인도하는 힘이 있는 것도 사실인 것 같다.

눈이 반짝이는 소녀

● 바닷가에서 아이들과 딸 소이가 흰옷을 입고 놀고 있다. 위에서 지켜보다가 길을 돌아오고 있는 남편을 보았는데 돌아보니 소이가 또 없어졌다. 소이를 찾으려는데 파라솔을 쓴 여학생 두 명이 보여 찬찬히 쳐다보니 한 아이가 소이 같은데, 눈도 초롱초롱하고 피부도 매끈하게 이뻐서 소이가 아니라고 생각한다. 여학생들이 야유회를 온 것 같다. (2021년 4월 3일)

이전의 꿈과 다르게 남편과 함께 아이를 돌보는 꿈들이 진행 중이었는데, 남편에게 화내고 잠든 날 바로 소이를 잃어버리는 꿈을 꾸게 되어서 당황하고 놀랐다. 그러나 예전과 다르게 중고등학생으로 성장하고 예뻐진 아이를 발견하는데 못 알아보는 내용이다. 내가 좋아지고 성장했음을 스스로 알아보지 못하는 것을 알려주는 것 같았다. 다른 사람들이 어둡고 나쁜 자기를 못 받아들이는 것처럼 괜찮고 좋은 나를 받아들이는 게 나는 어렵다.

현실에서 화가 나면 원인을 남편 탓으로 돌리며 아이를 잃어버리는 꿈을 꾼다는 걸 이번 꿈으로 정확하게 알게 되었다. 힘든 상황에서는 바로 익숙한 패턴으로 돌아가는 걸 보게 되었다. 여기 멈춰서 현존하지 못하고 내면아이와 현실의 아이를 잃어버리는 것으로 나타난다는 걸 이해했다.

나에게는 반복적이고 핵심적인 이 꿈의 내용이 엄마와 첫 기억과도 연결되었다는 것도 알게 되었다. 어린 나를 버려두고 가는 엄마가 나에게 아픈 심정을 각인시킨 것과 똑같다. 어른이 되어서도 갈등 상황이 생기면 내가 버려지는 정서에 빠지게 되고, 현실에서는 내가 똑같이 아이를 돌보지 못하는 것을 알게 되었다. 첫 양육자와의 첫 기억을 되풀이하는 '핵심 감정의 반복 패턴'을 지식으로 이해하고 있었는데 꿈에서도 반복되고 있었다는 데 놀랐다.

요즘은 꿈속에서 꿈을 부정하는 꿈까지 꾼다. '이건 꿈이 아니고 생각이야' 하면서 꿈에 개입한다. 그래서 꿈의 흐름은 끊기고 흐려져서 꿈을 잊어버린다. 신부님께 여쭸더니 꿈에 능동적으로 참여하지 않고, 수동적으로 연극무대를 보듯 보고 있다고 하신다. 좀 더 적극적으로 무의식 작업을 하려는 자세가 필요하다고 하신다. 꿈이 긍정적으로 바뀌는 중이었는데, 나도 모르게 바뀜이 힘들었던 가보다. 너무 예뻐서 소이가 아닌가 보다 했듯이 변화한 꿈을 받아들이지 못해서 멀리 떨어뜨려 놓은 것 같다.

내기 잘할 수 있다는 것을 믿지 못하는 태도가 드러난 것이다. 내가 잘한다는 것, 이것을 받아들이기는 나한테 좀 어려운 고개 넘기이다. 이 고비를 넘어가야 피부도 깨끗하고 눈도 초롱초롱한 소이를 만나 껴안을 수 있겠다. 꿈속의 소이는 결국 나의 내면아이이기도 하고 삶에서 드러나야 할 나의 영혼이기도 하다.

◆ 꿈은 무의식적인 행동 패턴을 알려주는 놀라운 보고서이다. 만일 내가 '아니오'라고 답해야 할 상황에 계속 '예'라고 답하는 사람이라면 그런 사람이 내 꿈에서 보일 것이고, 꿈에서 그 사람이 처한 곤란한 지경이 내가 처한 상황과 섬뜩할 정도로 닮아 있다는 걸 보게 될 것이다. 나의 어떤 부분이 이렇게 느끼고 생각하고 행동하는가? 내 삶의 어디에서 이 여자가 꿈속에서처럼 행동하는 걸 봤을까?

_ 로버트 존슨/고혜경 · 이정규 옮김, 『내면작업』

나이 든 남자

● 소이가 어릴 때 성당 다니던 아줌마들과 도시락을 싸들고 야유회를 간다. 왼편 건물 앞에서 중년 남자가 여러 종류의 계단을 오르내리는 걸 시킨다. 나는 계단으로 가지 않고 매끄럽게 된 곳을 뛰어 올라가기도 하고, 다음에는 난간을 잡고 주루룩 타면서 올라가 보라고 한다. 원래 계단은 바로 옆에 있다. (2021년 4월 5일)

● 공동체 생활처럼 중년 남자의 지도를 받으며 생활하는 곳이다. 어른이 된 소이도 함께 있다. 여자들이 옷을 나눠 갖는 것을 구경만 하고 있다. (2021년 4월 7일)

중년 남자가 계단을 제대로 딛지 않고 빠르게 오르내리는 걸 시킨다. 정신이 상승하거나 승화되기 위한 상징으로 꿈은 사다리나 계단을 보여준다고 했다. 계단은 심적인 성장과 변환과정의 주제에 대해 말하며, 상승과 하강이 함께 한다는 것을 알려주기 위한 상징이다. 올라가기 위해 먼저 내려가야 한다는 의미처럼 정상에 이르기 위해서는 아래로 먼저 가야 한다는 것을 잊으면 안 된다는 걸 강조하고 있는 것 같다.

아니무스가 긍정적으로 바뀌고 도와주는 역할로 나타나면서 급작스러운 꿈 변화에 덩달아 마음이 급해진 것 같다. 요즘 꿈을 꾸다가 생각을 하고 있는 것 같다고 의심하며 꿈에서 깨어나고, 무의식을 믿고 따라가는 것을 주저하는 걸로 보인다. 계단도 차근차근 딛고 올라가려 하지 않고 급하게 오르내린다. 그래도 좋게 보이는 점은 소이가 어른 모습으로 나타나고 내가 함께하고 있다. 나의 내면아이를 잘 돌보고 있고, 성장하는 모습을 확인하는 꿈 같아서 안심이 되었다.

옷에 관심을 두지 않는 모습도 반가웠다. 예전에는 옷을 사거나 고르느라고 시간을 보내는 꿈이 많았다. 실제로도 옷을 사러 다니는 시간이 많았고 옷값을 많이 쓰기도 했다. 가방과 구두는 잘 사지 않았지만, 자책감이 들 정도로 옷을 많이 샀다. 꿈에서나 실제에서도 옷은 보여주기 위한 사회적 역할의 페르소나 상징이고, 외부적으로 인정을 받기 위해 쓰는 에너지로 본다. 요즘은 내면작업으로 무의식을 알려주는 꿈에 관한 책을 읽는 데 시간을 많이 사용하고 있다. 결과적으로 에너지를 외부보다 내면의 나를 위해 쓰고 있어서 옷에 관심을 두지 않게 된 모양이다.

언제나 삶 앞에서 진실하고 싶다고 생각했지만, 사실은 진실을 알지 못해서 진실한 적이 한 번도 없었던 것 같다. 진실은 단순했을 수도 있다. 나는 여기 삶의 소용돌이에 던져졌다는 것, 내가 혼란했던 이유는 여기에 던져진 나를 부정하려 했기 때문이 아니었을까?

열무와 프라이팬

● 열무를 주로 파는 시장이다. 살까 말까 하다 그냥 온다. 마지막 가게에서 사려고 했지만 다 팔렸고 주인도 안 보인다. 부엌에서 가지를 굽는다. 가지, 감자 등이 창고 여기저기 박스 안에 들어 있다. 후배가 시장에 다녀오겠다고 한다. 가지랑 감자 같은 것도 구우려고 부엌에 다시 들어가니 불이 약하게 켜진 상태이다. 네모진 프라이팬을 들어보는데, 팬의 가장자리가 없어서 기름이 주르륵 흐른다. 닦으면 되지 하면서도 당황스럽다. (2021년 5월 16일)

생각만 하면서 일주일간 글쓰기를 못 하고 있을 때의 꿈이다. 내 꿈에 대한 글이 "뭔가 있어 보이기는 하는데 이해가 안 된다"라는 글쓰기 동료들의 피드백을 들으며 일주일간 주춤했었다. 꿈과 무의식에 대해 관심이 없으면 당연히 이해하기 어려운 분야이겠지만, 내가 표현이 부족하고 알아듣게 설명하지 못하는 것 같아서 부끄럽고 의욕이 꺾였다. 글솜씨는 엉망이어도 내용은 좋다는 말이라도 듣고 싶은데, 이해가 아예 안 된다니 당황스러웠다. 그런데 한편으로는 승복할 수 없어서 숨겼던 칼날이 가슴에서 한 번 더 날카로워지는 기분이었다. 이해받기 어렵다는 상황은 살아오며 내가 갖는 익숙한 정서이면서 고통을 야기시키는 문제이기도 했다. 나를 설명하고 이해받는다는 설정이 나에게는 없다. 그러면서도 이해받고 싶다는 마음이 너무 아파서 먼저 돌아선다. 이해를 바라지 않는다고, 이해받으려한 적 없다고 짐짓 아무 일도 없던 것처럼 나를 달래면서 돌아서 걸어간다. 이해하지 못하는 사람을 이해하기 위해 내 부족함을 헤아리며 걸어간다.

꿈 해석에 도움을 주시는 신부님께서 "혼자 가는 길이라고, 특별한 길이어서 그렇다며 잘하고 있다"라고 격려해주셨는데도 기가 죽고 마음속 칼날은 번득거리고 심란했다. 재료도 많고 불도 예열되어 있는데 프라이팬에 담는 게 안 되는 상황이다. 담아주기가 안 되는 것이 예전에 텔레비전 화면이 흘러내리던 슬픈 꿈까지 연결되면서 중요한 내 약점인가 싶어서 염려도 되었다. 담을 수 있는 그릇이 있어야 그 안에서 재료가 섞이고 변화가 일어난다고 했었는데 걱정이 되었다.

실제로 열무김치를 좋아하는데, 요즘은 김치를 담글 시간이 없어서 몇 번이나 열무를 쳐다보기만 했었다. 현실에서 있었던 일을 빌려와서 꿈으로 보여주는 것이 늘 신기하다. 예전에는 어제 있었던 일이라며 대수롭지 않게 여겼는데, 현실 상황에 영향을 끼친 심리 내적 패턴을 알아내야 한다는 메시지라는 것을 안다. 열무도 먼저 물에 씻고 여러 가지 양념과 버무려서 김치를 만드는 과정이 필요하다. 그 과정 끝에 열무는 열무김치가 되어 식탁에 오르는 것이다.

그렇게 보니 요리도 글을 쓴다는 것과 같은 과정인 것 같다. 재료는 갖은 양념과 수고의 결과로 먹을 수 있는 음식으로 완성되는 것이다. 그 지난한 과정이 귀찮아서 아예 재료를 구입하지 않고 프라이팬에 구워 먹으려는 것과 같다. 총체적 난국이다. 불평하지 말고 재료를 준비하고 버무림과 수고의 과정을 겪으라는 이야기 같다. 게다가 열무김치는 만든 이후에 발효시켜야 한다.

● 윤숙이가 무늬가 있는 밥공기 같은 그릇 하나를 선물이라며 주는데, 영진이가 열 개의 그릇을 시장을 지나다가 사 왔다고 준다. 그릇이 비스듬하게 일렬로 허공에 떠 있다. 꽃무늬가 있는 그릇이 제일 마음에 든다. (2021년 6월 11일)

'갑자기 웬 그릇들이지' 싶었던 꿈이었는데, 요즘 유용하게 쓸 수 있는 그릇인 것 같다. 지금 보면, 하나는 윤숙이의 글쓰기 권유가 담긴 의미의 그릇이고, 요즘 여러 가지 도움을 주는 영진이 마음이 그릇에 담겼는가 보다. 시장은 우리에게 필요한 모든 것을 찾을 수 있는 장소이다. 시장에 다시 가서 필요한 것을 사는 긍정적인 여성성의 역할이 평소에도 나를 챙겨주는 후배의 모습으로 나타나고 있다.

교실에 누워 있는 할아버지

● 돌아가신 외할머니 앞에 동생한테 절을 하라고 시킨다. 먼길을 떠나서 도착한 곳이 고향 집이고 친할머니가 방 가운데 동그맣게 앉아 있다. (2010년 12월 4일)

● 고향에 있는 내가 다닌 영보초등학교이다. 첫 번째 교실에서는 엄마가 밥솥을 걸어놓고 밥을 하고 있다. 그다음 교실에는 할아버지가 누워 있다. 왼쪽으로 꺾인 세 번째 교실을 향해 가며 증조할아버지가 누워 있다는 걸 안다. (2002년 4월 19일)

늙은 아버지는 나를 향해 몸을 돌리지 않고 앞쪽만 보고 있다. 나는 아버지의 옆모습을 보며 할아버지와 할머니에 대해 물어 보았다. 구부정하고 초라해진 아버지를 보며 젊었던 아버지의 기억이 궁금해졌다. 할아버지는 일제 치하에서 생긴 청주사범학교 1기였다고 한다. 학교를 마치고 발령을 받은 곳이 월출산이 있는 영암이었고,

내내 그곳에서 선생님으로 근무하시다가 돌아가셨다. 증조할아버지는 나중에 외아들 곁으로 이사를 오셨다고 한다. 그 시절 드물게 할아버지는 외동아들이었다. 아마도 증조할머니가 몸이 약한 탓이었던 듯하다. 농사를 짓던 증조할아버지가 할아버지를 사범학교에 보낼 생각을 어떻게 하게 된 것인지 궁금한데 알 수는 없다.

할아버지는 영암초등학교 교장 선생님으로 재직하던 중 6.25를 겪었고, 전쟁이 끝난 후 평교사로 강등되었다. 본인이 가르친 학생이 교장과 동료 교사가 된 학교에서 근무가 어려워진 할아버지는 다시 공부해서 중등교사 채용시험에 합격하여 중학교 평교사로 근무하다 퇴직하셨다. 할아버지는 조용한 성품으로 어른이 된 제자들이 늘 방문했었고 마을에서도 존경받는 어른이었다.

내가 스무 살 때 잡지에 실린 내 짧은 글을 읽으시고는 나를 돌아보며 그러셨다. "글이 왜 그리 슬프냐?" 그때 나를 바라보던 나지막한 음성이 잊히지 않는다. 아무도 내 말을 들어 준 적이 없던 때, 아무도 나에게 마음이 어떠냐고 물어본 적 없었을 때, 늙은 할아버지가 "글이 왜 그리 슬프냐?"고 그러셨다. 첫 손녀의 이름을 여자에게 잘 쓰지 않는 빛날 희熙를 써서 이름 지어준 할아버지였다. 그때 그 한 번의 돌아봐줌이 그날의 할아버지를 기억하게 한다. 나는 햇빛 아래에서도 우울했지만, 죽으려고 했던 적은 없었다. 꼭 '어떻게든'이 아니고, '어떻게' 살아보고 싶었다.

아버지의 기억에 부모님과 조부모마저도 무서운 사람이었다는 것이 우리 자식들에게 영향을 준 건 당연한데, 외할머니도 다정한 엄마가 아니었다는 사실을 알게 되었다.

그래서 책이나 다른 사람이 말하는 맹목적으로 사랑을 주는 할머니 경험을 한 적이 없다. 나를 보고 버선발로 뛰어나오는 일은 절대 없었다. 그런 사연의 부모님이니 그분들 또한 자신들 살기에 벅찼다. 두 사람 다 '영원한 소년, 소녀'여서 자식들이 억지로 정서적 엄마 노릇을 한 것 같다. 부모의 도움이 필요할 때 우리는 도움을 기대하지 않고 스스로 알아서 처리했다. 당연히 해결이 잘되지는 않았지만, 그렇게라도 해야 했다. 부모님은 자식들의 미래를 꿈꾸지 않았고 우리는 각자 알아서 살아가야 했다.

일반적으로 할아버지가 사회적 규범과 정신적 전통의 계승자라면 할머니는 음식과 옷과 살림에서 시작하여 사람이 겪는 고통과 질병과 죽음에서 자식들을 지키는 오랜 관습의 수호자이다. 꿈에서 여행 끝에 도달하는 곳이 할아버지, 할머니랑 살던 집이고 그분들이 계시던 방이다. 그 방은 내가 세상에 태어나서 처음 바라본 방이다. 지금은 존재하지 않는 그 집은 꿈속에서 내가 방문하는 곳이고 할머니는 여전히 나에게 뭔가를 제공한다.

많은 사람들의 죽음

● 커다란 배 같기도 하고 바다와 인접한 건물 같기도 하다. 사람들이 작은 배를 타고 탈출하려다가 행방불명되어 난리다. 어둠 속에 사람들이 나와서 보고 있다. (2019년 9월 20일)

● 흰옷차림의 아랍계 사람들이 가득 탄 버스에 마지막으로 타려고 문을 잡고 올라섰으나, 잡아챈 손길에 내동댕이쳐진 남자가 땅바닥에 주저앉는다. 동시에 지켜보고 있던 군인 서너 명이 총을 난사하여 버스에 탄 사람들을 전부 죽여 버린다. 그 남자의 흰옷자락 뒷부분에 붉은 핏방울이 한 방울, 별처럼 번지는 것이 보인다. 통역하는 남자다. 처음엔 그도 총을 맞은 줄 알았는데, 다른 사람의 피가 옷자락에 튄 것이다. 주저앉은 몸처럼 무너져 내린 마음이 느껴진다. 그에게 영원히 남을 회한이 선명하고 아프다. 그의 상실감과 당혹감이 느껴진다. 그는 보내주는 줄 알고 주민들에게 버스에 타라고 통역을 하고 자신도 탔던 것이다. 그런데 자기만 살려놓고 다 죽인 것이다. (2020년 7월 8일)

● 고향집이 있는 마을에서 앞산을 바라본다. 군인들이 많은 시체를 산 위에서부터 쓸어내리듯 하며 내려오고 있다. 모두 집으로 들어가라고 해서 집으로 들어온다. (2021년 5월 20일)

　　많은 사람들이 행방불명이 되어서 죽음으로 연결되는 꿈이다. 꿈 속 죽음들은 뭔가 억울하고 오해받은 죽음으로 보인다. 고향 마을 시체 꿈은 전날 '광주민주화운동' 다큐를 보고 나서 꾼 꿈이다. 총을 휘두르는 군인과 마주친 실제 기억과 함께 광주의 젊은이들이 죽어가는 영상을 보는 건, 거기 살았던 사람으로서 무척 힘든 일이다. 정치가 일상을 죽음으로 바꾸는 걸 목격했던 사람들이 정치에 관심을 가질 수밖에 없다. 요즘 미얀마도 광주처럼 군부가 나서서 시민들을 학살하고 있는데 여전히 나는 아무것도 할 수가 없다. 고립된 광주에서 절박한 심정으로 누군가 도와주기를 바랐던 광주시민들이 생각나서 안타깝다. 꿈에서도 죽음을 은폐하려는 듯 사람들에게 집으로 들어갈 것을 종용하고 있다.

　　불필요한 것들이 죽고 새로 태어나는 것이 정신세계의 은유지만, 꿈속에서도 죽음을 받아들이기에는 당혹스럽고 억울한 것 같다. 죽음이 새로운 삶을 준비하고 있다는 것을 내면에서 받아들인다면 슬픔은 기쁨이 될까. 정신의 죽음은 내면에서 기꺼이 일어나는 정화이며 청소를 의미한다고 했는데도 믿고 내맡기는 건 어렵다.

나에게 필요한 죽음은 영원한 소녀의 이기적인 단순함일 것 같다. 그래서 어두운 측면인 실패를 통과하여 도달하는 곳에는 성숙한 소녀가 있을 것이다. 꿈에서 직접적인 나의 죽음이 없다는 생각도 든다. 번진 핏방울 때문에 총에 맞은 줄 알았지만 혼자 살아남았다. 아이 같은 모습을 기꺼이 희생시키지 못함으로 혼자 남아서 회한에 빠졌다는 생각이 든다. 작년에 혼자 고립된 느낌을 받고 있을 때 꿈이다. 그때 지나간 관계들은 꿈에서처럼 모두 죽고 새로운 관계에서 살아가는 것을 배워야만 한다고 말한다.

"그들도 나와 똑같이 사랑받고 싶어 한다. 그들도 나와 똑같이 행복하고 싶어 한다"라는 자애 기도문은 에고를 바라보게 도와주는 기도인 것 같다. "내가 내 안의 근본적인 선함과 연결되기를"이란 기도문은 특히 좋아하는 기도이다. 나한테는 무척 어려운 일이지만 좋다.

4장

떠나온 곳으로
돌아가야 한다

시 작 하 며

내가 필요로 했던 모든 것이 나의 내면에 있다

융의 자기(Self) 개념은 일상적인 의미의 자기실현이 아니고 개인의 내면에 있는 위대한 중심과 만나는 여정을 의미한다.

일상에서 벗어나 멀고 성스러운 장소에 가면 고요했다. 그러나 집으로 돌아오면 고요는 없어졌다. 두 개로 분열된 마음이 내 탓이 아니라 장소와 환경 때문이라고 여겼다. 십여 년을 오가고 나서야 지금 여기 살아가는 곳에서 고요하지 않다면 그 고요는 진짜가 아니라는 것을 알았다. 일상에서 평화롭지 않은 이유는 내 의식과 무의식의 불일치 때문이었다. 내적 각성이 일어나지 않는 한, 외적인 변화는 그 어떤 것도 나를 새롭게 해주지 않는다는 것을 알았다.

어떤 장소를 찾아 떠나는 것은 쉬웠지만, 나의 내면을 향해 떠나는 것은 너무 어려워서 포기했다. 이번 생에서는 할 수 없는 일이라고 접었다. 그러나 무의식에서 할머니가 계속 나를 쳐다보고 이름을 불렀다. 나는 꿈 작업을 하겠다고 대답해버렸고 할아버지로 변한 할머니는 내가 왔던 곳으로 돌아가야 한다고 가르쳐주었다. 나는 할아버지의 안내를 받으며 세상의 바깥으로 향하지 않고 나 자신에게 돌아가는 꿈을 꾸기 시작했다. 내가 필요로 했던 모든 것이 나의 내면에 있다는 걸 알았기 때문이다.

꿈을 정리해서 써봐야겠다고 마음을 먹자 그동안 안 보이던 할머니가 기다렸다는 듯이 꿈에 나타났다. 할머니가 뿌리 열매를 손수레에 가득 캐오고 깎아서 먹으라고 주는 꿈이었다. 꿈과 현실을 써보겠다는 나의 생각을 격려받는 것 같았다. 꿈을 살펴보고 이해해보겠다는 결심이 내면의 성장을 시작하겠다는 의미여서 할머니는 오래 기다린 것이다. 누구에게나 지혜로운 안내자인 오래된 영혼이 있을 거라는 생각이 든다. 우리가 알아채지 못하고 시선을 맞추지 못했을 뿐이다.

성스러운 산을 먼저 올라가는 소이를 쳐다보며 내가 너에게 그림자를 투사했다고 말했던 꿈이 내면 여정을 위한 중요한 메시지였다는 생각이 든다. 나는 보이는 세상의 물질적 성취를 소이에게 요구했다. 소이는 모든 과목에 뛰어나고 글과 노래, 춤까지 잘 추는 아이여서 사회적 성공을 기대하게 했다. 그러면서 나는 명상 여행을 다녔다. 나의 물질적인 욕망을 딸이 이루기 바랐다. 소이는 본능적으로 나의 거짓된 마음을 알았고 거절했다.

우리가 찾는 것은 외부가 아니고 내면에 있다는 말은 현대사회에서 가치를 잃어버린 흔한 말이 되었다. 우리 앞에 놓여 있는 많은 물건이 사실은 내적 희망을 물질화시켜 놓은 대체품이라는 것을 알지만 멈추기는 어렵다. 가장 빛나는 것은 내면에 있고, 내가 살고 있는 가까운 곳에서 찾을 수 있다는 말을 경험할 수 있기 위해서 한 번이라도 가만히 있어 보는 시간이 필요하다.

인디언 할머니와 손녀

　세도나 여행은 자연석으로 성모님과 동방박사의 모습이 있고, 그 옆에는 아름다운 성당이 세워져 있다는 말을 듣고 충동적으로 결정했다. 인디언의 성지로 알려진 세도나는 온통 붉은 황토색 산과 사람 형상의 바위들이 가득했다. 그곳에서 나는 할머니를 만났다. 인디언들이 제사지내는 성지인 넓고 붉은 바위에 올라가서 앉자마자 맞은편에 보이는 바위가 '손녀를 안고 있는 할머니'로 보였고, 그 순간 나는 목 놓아 울기 시작했다. 그때 저절로 터져 나온 말은 "할머니 내가 왔어요"였다. 더 이상 할 말이 생각나지 않았고, 그저 할머니를 부르며 슬픔에 압도되어 통곡했다. 안내자가 감정을 추슬러 보라고 했지만 할 수가 없었다. 같이 갔던 사람들은 내 울음소리가 바위에 부딪혀 되돌아오며 울리는 바람에 무서워 죽는 줄 알았다고 했다. 그날 그 큰 바위, 인디언들의 성지였던 곳, 밤하늘에는 빈틈 하나 없이 별이 가득 차서 빛나고 있었다.

　30년이 지나서 남편과 다시 찾은 세도나에서 남편도 인디언 전사였던 자신을 만났다. 마주친 붉은 바위에서 할아버지를 발견한 남편은 하염없이 울기 시작했다. 전쟁에 패배한 인디언 전사로서의 느낌에 사로잡혀서 자신이 잃어버린 '용기와 소망과 지혜'에 대해 슬퍼했다. 세도나에 남편을 꼭 데려가 보고 싶었다. 당연히 원수 같은 남편과 어떤 인연이 얽혀 있으리란 짐작이 들었기 때문이다. 그런데 역시나 할아버지를 만나고 자신은 인디언 전사였다며 계속 우는 것이었다. 일행 중 한 분이 전사가 아니라 추장으로 보인다고 해서 더 감동한 남편은 잠들기 전까지 울었다.

예전에 내가 할머니를 만난 곳은 요즘은 올라갈 수 없다 했다. 남편과 나는 맞은편에서라도 건너다보기 위해 따로 다녀오기로 했다. 자동차에서 내려 낮은 산길을 오르려고 두어 발자국 걸었는데, 남편이 돌에 걸려 무릎을 꿇듯이 땅바닥으로 넘어졌고, 그 순간 번개가 치며 후드득 비가 떨어졌다. 세도나는 그즈음 오랫동안 건기여서 비를 기다린다는 소리를 들었다. 비는 그날 저녁까지 계속 내렸다. 발을 걸어 넘어뜨려 무릎까지 꿇게 만든 자연의 우연 앞에서 어안이 벙벙했다. "왜 이제야 왔냐고 하네" 나도 모르게 한 말이다. 나는 다시 할머니를 확인하려 했지만, 그 위치에서는 할머니 모습을 다시 찾지는 못했다. 어쩌면 할머니는 이미 나와 함께 있어서 그곳에서는 찾을 수 없었을지도 모르겠다.

뿌리 열매를 건네주는 할머니

● 할머니가 뿌리 열매를 먹으라고 방바닥에 펼쳐 놓았다. 저번에도 젊은 남자가 줘서 먹었는데, 무와 고구마를 접붙여 만든 듯 새로운 품종이다. 시원하고 달아서 맛있다. 껍질을 벗겨 잘라놓은 것도 먹었는데, 먹다 보니 너무 많이 먹은 것 같아서 조금 남겨서 부엌 쪽으로 밀어놓고 밖으로 나간다. 들판 저쪽에서 손수레에 뿌리 열매를 가득 담아 밀고 오는 할머니를 바라본다. (2021년 1월 20일)

● 시골 할머니 집이다. 작은 뿌리를 뒤뜰 어스름한 땅에 네 개 심는다. 뒤뜰은 내가 뭔가를 심고 잘 정리해두었는데, 호박이 화분에서 막 자라서 급하게 아무 데나 심는다. 벽 가까이 구석 쪽에 심다가 원래 인삼을 심었다는 걸 깨닫는다. 인삼이 잘 자라고 있는 걸 알겠다. (2021년 2월 21일)

책 쓰기 첫 수업을 하루 남겨놓은 날이었다. 책도 많이 읽고 글쓸 준비를 해야겠다고 생각했는데, 꿈에 할머니가 오랜만에 나타났다. 요즘 꿈을 기억하지도 않고 있었으니 할머니를 볼 수도 없었다. 늘 동그랗게 앉아서 말없이 나를 쳐다보던 할머니가 이번 꿈에서는 내게 먹을 것을 건네주고 움직이는 할머니로 나타났다. 내가 꿈을 살펴보는 글을 쓰고자 했더니, 동그랗게 앉아 있기만 하던 할머니가 적극적으로 돕기 시작한 것 같다.

삼십 년 동안 앉아서 쳐다보기만 하던 할머니가 드디어 행동하기 시작한 것이다. 할머니는 내가 꿈을 봐주기를 내내 기다렸던 모양이다. 꿈을 이해하고 글을 쓰는 일이 정말 중요한 일이구나 하는 설렘과 기대가 생긴다. 할머니가 준 것이 내가 좋아하는 고구마와 무를 섞은 맛이 나는 뿌리 열매라는 것도 신기했다. 드디어 할머니가 기다리던 일을 내가 하는 것 같다. 꿈속에 할머니가 자꾸 나타났던 이유가 내가 꿈의 여정을 떠나기를 바라는 마음이었나 보다. 꿈을 살펴보겠다고 생각만 했는데도 할머니가 적극적으로 움직이고 밭에 가서 일도 하고 그러는 게 좋은 일이 생길 것 같아서 스스로 기대가 된다.

할머니가 나오는 꿈은 세도나에서 할머니를 만난 후부터였을 것이다. 언젠가 꿈에서 먼 길을 가서 도착한 곳이 시골 할머니 집이었는데, 안방 한가운데 할머니가 동그랗게 앉아 있는 걸 발견했다. 또 한 번의 꿈은 인도 아쉬람에서 베다 경전을 공부하던 시절이었다. 동굴로 된 신전에 내가 누워 있고, 지도자가 치료를 위해 손을 뻗었는데 전기가 통한 듯 몸이 튀어 올랐다. 그런 나를 불상 같은 걸 모셔놓은 곳에서 동그랗게 앉은 할머니가 지켜보고 있었다. 할아버지가 나타나서 내 척추뼈를 만진 적도 있었는데 그때도 할머니는 옆에 동그맣게 앉아 있었다.

근데 진짜 놀라운 것은 친구의 꿈에 할머니가 나타난 사실이었다. 내용인즉슨, 우리 집에 잊어버린 본인의 신발을 찾으러 왔는데 거실에 내가 누워 있고, 그 옆에 동그맣게 앉아 있던 할머니가 고개를 돌려 가만히 쳐다보는 꿈을 꾸었다는 이야기였다. 나중에 생각해 보니 할머니가 누워 있는 나를 지켜주고 있었다는 느낌이 든다. 친했던 사람과 크게 좋지 않은 일이 생겼기 때문이다.

■ 내 나라는 이 세상에 속한 것이 아니다. 하늘나라는 마치 밭에 숨겨놓은 보물과 같다. 사람이 그것을 발견하면 제자리에 숨겨두고 기뻐하면서 집에 들어가서는 가진 것을 다 팔아서 그 밭을 산다.

_ 마태복음 13:44

트럭 운전을 도와주는 할머니

● 예전에 글 쓰는 모임을 하던 언니들이랑 바다가 보이는 야외에서 야유회 중이다. 고무줄 놀이를 하며 다리를 뒤로 돌려 땅을 찍어야 하는데 다리가 아파서 겨우 한 번 한다. 집에 돌아가려고 엄청나게 큰 트럭을 운전해서 가려는데, 트럭이 너무 높아서 시동을 걸려고 뛰어오르기도 하고 밀려갈 뻔도 하고 끙끙거리는 중이다. 할머니가 나타나더니 태워 달라고 한다. 대답도 하기 전에 할머니가 타고 있고, 나도 어느새 트럭에 타고 있다. 운전해서 꺾어진 길을 빠져나간다. (2021년 2월 22일)

나한테는 너무 버거운 트럭을 할머니가 함께 몰아줄 것 같은 기대가 생기는 꿈이다. 할머니가 오기 전에는 트럭이 너무 커서 올라타는 것부터 난관이었다. 어떻게 해야 할지 몰라서 팔을 한껏 뻗어 타지도 않고 시동을 걸려고 하고 있었다. 그런데 갑자기 나타난 할머니가 트럭에 올라타 있고, 나도 어느새 옆에 타서, 운전이 가능했다. 이렇게 진취적인 꿈은 거의 처음 꾼 듯싶다. 그러나 트럭 뒷부분까지 정확히 다 보지 못한 것 같다. 그만큼 트럭이 컸다.

꿈속 언니들 중에는 30년 전에 진주신문에 소설 연재를 한 언니도 있는데, 지금은 나이들이 엄청 많을 것이다. 아마 돌아가신 분도 있을 것 같다. 그 언니들이 잡고 있는 고무줄에 내가 들어가서 고무줄놀이를 했다. 다리가 아파서 겨우겨우 번갈아 한 번씩만 하고 더 할 수 없는 게 아쉬운 일이다. 뒤를 의미하는 그림자나 과거에 대해 콕 찍어 확인해야 할 것 같은데, 너무 아프고 힘들다는 이야기 같다. 지금 글을 쓰는 일이 중요한 일이어서 글 쓰는 언니들이 나오고 고무줄을 잡아주는데 체력이 부실해서 제대로 해내지 못한다는 느낌이다. 장을 펴줬는데 다리가 아프다. 다리의 은유는 당연히 목표에 도달하기 위해 걸어가야 하는 실천과 행동에 대한 의미이다. 그 언니들 나이가 전부 할머니 모습이라는 생각도 들었다.

이 꿈 이후에 할머니 꿈은 할아버지로 바뀌었다. 아주 예전에는 할머니랑 같이 나타나서 척추가 곧아야 한다며 등을 쓸어 주던 할아버지가 있었고, 성당 가는 꿈에서 허둥대는 나를 쳐다보던 카페의 할아버지도 있었다. 그 할아버지도 쳐다보고만 있었는데, 며칠 전 바다에서 배를 태워 데려다주겠다고 약속하고 목적지까지 확인하던 할아버지를 만나서 안심하고 기뻤다.

모든 영혼은 별 하나가 있다

● 세도나 인디언 성지의 밤하늘에 빼곡히 깔린 별을 본 다음 날 잠깐 누웠는데, 갑자기 눈앞에 새파란 하늘이 펼쳐지고 별들이 가득 반짝였다. 그중에 별 하나가 커지더니 내려오기 시작하고, 나에게서는 말풍선 모양의 형체가 떠올라 중간에서 별과 합쳐졌다. (1990년 9월 8일)

잠깐 눈을 감고 있었지만, 꿈이 아니고 진짜 본 것 같았다. 놀라서 눈을 뜨며 바로 든 생각은 '우와! 내 별이 진짜 있구나'였다. '저 별은 나의 별, 저 별은 너의 별' 노래를 하더니 진짜 내 별이 있구나! 그것은 강렬한 경험이었다. 별이 영혼이고 나와 연결되었다면 별에 운명의 요소가 담겨 있겠다는 생각을 했다. 내가 생각하는 운명은 적극적인 수용이다.

정해진 기본 운명이 있다면 색칠은 원하는 대로 할 수 있는 것이다. 운명이라고 하는 도화지에 그려진 바탕 선을 그대로 두고만 보려는 게 아니다. 바탕의 그림을 지워서 다른 그림으로 바꾸려고 하는 것은 불교에서 말하는 고통의 대잔치인 '탐·진·치'가 될 것이다. 이미 그려진 선은 운명이며 숙제이다. 그러나 거기에다 색칠은 마음대로 즐길 수 있다. 꽃이나 강아지나 귀걸이 같은 뭔가 작은 그림을 덧붙일 수도 있을 것이다. 운명이라는 숙제는 어떻게 이해할 것인가의 문제이지 굴복하라는 것은 아닐 것이다. 이미 내 영혼의 별이 숙제를 품고 있다 해도 원하는 색칠을 할 수 있다. 바탕에 그어진 선의 빈틈을 가로지르고 껴안고 춤추고 노래할 수 있다.

별은 사회집단으로 살아가며 피했던 과제를 보라는 뜻이다. 별은 영원불멸한 인간의 영혼을 의미하기 때문에 모든 사람이 계속 달려온 길이 아닌 자기만의 길을 찾아가야 한다는 뜻이다. 숭배받아야 되는 것은 바깥에 있는 위대한 인물이 아니라 내 안에 있다는 것을 알아야 한다는 의미이다.

별에 관해 이야기하면서 열등감은 베일에 싸인 팽창이라고 폰 프란츠는 말한다. 열등감은 현재보다 더 나은 사람이 되고 싶다는 숨겨진 진정한 야망이라고 겸손한 척하는 사람에게 일갈하는 내용이다. 열등감을 컨셉으로 하고 있는 나의 진정한 야망을 드러내야 하는 숙제가 생겼다.

나는 나의 삶 속에서 진정으로 무엇을 위해 문이 열리기를 원하는가?

성스러운 산

● 부처님 머리처럼 동글동글한 모양을 한 영험하고 성스러운 산이 멀리 보이고, 산을 향해서 간다. 차에서 내려 조금 걷는데 산 중턱에 걸쳐진 집 두 채가 보여서 놀랍다. 산으로 가기 위해서 마을 안에 집으로 들어가 좁은 계단을 올라간다. 남자 얼굴이 그려진 종이가 계단 옆에 두 장이 떠 있다. 남자 얼굴 이마 가운데에 둥근 모양이 있다. 계단 밖은 바로 산으로 올라가는 곳이다. 벌써 앞서 올라가는 사람들이 검은 형태로 보이는데 나는 아직 산기슭에 있다. 라다 선생님이 올라가는 무리를 가리키며 "소이 좀 봐" 한다. 나는 "소이가 나랑 똑같아요. 이제껏 소이가 내 나쁜 모습을 다 보이고 있었네요 나는 좋은 역할만 하구요"라고 말을 한다. 라다 선생님 얼굴도 순간적으로 다른 사람의 어두운 얼굴과 겹쳐지는 것이 보인다. (2017년 3월 16일)

친구로부터 꿈 분석을 권유받고, 망설이다가 약속을 해놓고 꾼 꿈이다. 그동안 꿈 기억을 하지 못한 상태라서 주저했는데, 약속한 날 바로 꿈이 기억나서 신기했다. 특별하고 성스러운 산에 오르는 것이 삶의 목표라고 분명하게 알려주는 꿈이었다. 멋진 산을 향한 여정 때문에 마음이 부풀었다가 서울까지 다니는 게 어려워서 계속 연결하지 못하고 꿈 작업이 끝났었다.

영적 여정에서 소이가 이미 산길로 접어들었고, 나는 아직 산 밑에 있어서 소이가 더 진실하게 산다는 말 같았다. 그리고 소이와 내가 빛과 어둠의 양면이라는 이야기를 하듯이 라다 선생님 얼굴에서도 순간 어두운 얼굴이 보였다. 라다는 마더피스 타로를 가르치는 선생님의 여신 이름이다. 어머니이기 전에 여성이며 인간으로서 여정과 명암을 보여주는 마더피스를 가르치는 선생님이 나타난 이유가 엄마와 딸의 관계를 전체적으로 보라는 의미였던 것 같다.

나는 사람들과 잘 어울리고 외향적이지만 딸은 내향적이고 사람이 모인 곳을 싫어했다. 나는 딸에게 사회적으로 공인되는 학위와 직업을 갖기를 계속 종용했다. 그것들이 살아가는 데 있어 당연히 필요하다며 강요하는 나를 소이는 피해 다녔다. 그런 딸이 못마땅했는데, 꿈속에서 소이는 나보다 더 앞서서 성스러운 산으로 올라가는 무리 속에 있다. 나는 겨우 산이 보이는 곳에 도착해서 산길을 향해 걸어갈 참이었다. 큰소리치는 현실과 반대로 내 부정적인 부분을 소이에게 투사했음을 고백하는 말까지 하고 있다. 몇 년 전 꿈이지만, 그 고백을 의식에서 받아들이는 것이 어려웠다. 받아들이지 못하고 시간이 흘러버렸다. 나는 여전히 한 발도 떼지 못한 채, 그 산기슭에 서 있다는 이야기이다. 내 그림자를 내가 받아들이지 않은 이상 나는 성스러운 산을 오를 수가 없었다는 것을 이제는 알겠다. 라다 선생님은 내게 긍정적인 투사를 하는 사람이다. 그러나 그 얼굴에도 어두운 얼굴이 순간적으로 겹치는 것이 보였다. 누구나 그림자가 있다고 이야기한 것이다.

저 산을 오르기 위해서는 먼저 나 자신의 부정적인 부분, 그림자에 대한 이해가 필요하다는 말이다. 소이가 먼저 앞서가고 있다는 것은 지적 이해의 수준이 아니다. 어쩌면 소이가 나의 여정에서 중요한 안내자라는 이야기를 해주는 것 같다. 현실에서 소이를 충분히 받아들이고 수용하는 것이 영적 여정을 시작할 수 있는 선행 조건이라고 내게 말한다.

사원(아쉬람)

● 바닥은 둥글고 지붕이 뾰족하게 높은 사원이다. 바닥은 바다 같지만 얕은 물이다. 노를 젖는 배 두 척 중에서 앞쪽 배에 혼자 앉아서 노 젖는 연습을 해야 한다. 내가 여길 처음 왔는데 기회를 주냐고 했더니 교황님 (라마나님)이 내 이름을 기억하고 있다고 한다. 배의 바닥은 회색 무늬가 있고, 배 옆에는 하늘색으로 둥근 원에 막대기가 꽂혀 있는 그림이 있다.
(2017년 3월 20일)

인도에 머물다 오신 교수님이 마련해놓은 아쉬람에서 일주일에 한 번씩 인도 경전을 읽는 모임이 있었다. 신들의 이름을 부르고 아름다운 은유를 읽는 게 눈물겹고 행복하던 시간이었다. 경전을 논리적으로 이해한 건 아니었고, 이해하려고 의도하지도 않았다. 울면서 글을 읽고 왜 우는지 모르며 웃는 그런 시간이 십 년을 넘어갔다.

어느 날 교수님이 설명도 없이 삼십 분 분량의 비디오를 틀었고 우리 네다섯 명은 옹기종기 앉아서 열심히 쳐다보았다. 산이었고 그

산을 밖에서 돌며 찍은 풍경이었다. 방향이 바뀌며 변하는 산등성이 그리고 어쩌다 바람결에 살포시 흔들리는 나뭇잎이 전부였다. 그런데 어느 순간 나는 꼼짝할 수 없었다. 산이 주는 어떤 기운에 사로잡혔다고나 할까? 등이 저절로 꼿꼿해진 상태로 화면에서 눈을 뗄 수가 없었다. 이윽고 비디오 화면이 끝났을 때 "저것이 뭐예요?"라고 물었다. 저 산이라고 하지 않고 저것이라고 했던 것이 기억난다. "아루나찰라"라고 말했다. "어디 있어요? 가보고 싶어요." 뜬금없는 그리움이었다.

외국 여행이라고는 오 년 전에 갠지스를 가는 단체여행과 단전호흡 팀에서 안내해서 다녀온 '세도나'가 전부였다. 나는 비행기를 타는 것이 좀 무섭고 좁은 곳에 앉아서 12시간을 하늘에 떠가는 게 불안해서 어디를 가고 싶지 않았었다. 파리도 런던도 궁금했지만 긴 비행시간을 감수하면서까지 가고 싶지 않아서 다른 사람들 다니는 외국 여행도 자주 못 갔다.

그런데 2주 후에 나는 친구 한 명과 '아루나찰라'를 향해서 떠났다. 비행기를 타고 가는 내내 눈물이 흘렀다. 가고 있는데도 그리워서 눈물이 났다. 그 시절 도착한 인도의 첸나이 공항은 뜨거운 열기와 어둠으로 인해 꿈속처럼 낯설었다. 시골 장터처럼 누추한 옷을 입은 남자들과 릭샤와 자동차가 뒤섞인 풍경이었다. 이후에는 아쉬람에서 만든 명상여행 프로그램 일원이 되어 1월이면 아루나찰라에 다녀왔다. 어둡고 초라하던 공항이 이제는 현대화되었다.

아루나찰라가 유명한 것은 '라마나 마하리쉬 아쉬람'이 있는 이유였다. 16살의 마하리쉬가 꿈결처럼 들은 아루나찰라라는 말이 실제 지명이란 것을 알고 집을 떠나 도착한 곳, 그는 죽을 때까지 이 산에서 침묵의 성자로 20세기 예수의 현현으로 불리며 살았다. '아루나찰라' 이름을 부르는 것만으로 에고가 소멸된다는 곳, 그 산을 오른쪽으로 한 바퀴 돌 때마다 업장 소멸이 일어난다고 해서 보름달이 뜨는 날이면 지역 사람들이 몰려와서 산이 보이는 길을 가득 메우고, 맨발로 걷는 '기리프라닥시나' 축제를 즐겼다.

아쉬람에 가면 몇 시간이고 앉아 있는 것이 가능했다. 가슴은 더운 날씨처럼 노곤해지고 시간은 고즈넉하게 흘러갔다. 그러나 집에 돌아와서 이 주일이 지나면 다시 일상으로 돌아왔다. 돌아오면 십 분도 앉아 있기가 어려웠다. 내가 집에서 평화롭지 않다면 그곳에서의 열흘간의 평화는 나와 연결이 안 된다는 생각이 들었다. 여기서 십 분을 앉을 수 있는 것이 거기 가는 것보다 훨씬 중요하다는 생각이 들었다. 나에게 그곳과 이곳은 서로 다른 세상이었고, 그렇게 다른 세상을 살아가는 분열된 나를 아는 것이 필요할 것 같았다.

너그러운 척하지 마

● 여행 계획을 세우는 듯 지도 같은 것이 펼쳐져 있다. 네 개로 나뉜 둥그런 지역의 나라인데 네 지역의 지도 가운데에 모두 같은 영어가 쓰어 있다. 지도에 나라 이름이 쓰인 것처럼. HAVEN(?) 끝에 알파벳은 확실하지 않다. HAVEST(?)였는지도 모른다. 네 군데 나라를 가면 꼭 가야 할 곳(만나야 한다는 것인지)이라고 한다. 그러나 꿈에서 깨서 눈을 뜨면서는 쓰었던 글자가 MAGO란 단어로 툭 떠올랐다. (2018년 12월 3일)

미리 알고는 하지 않았을 여행인데 필연적인 여정이었음을 알게 되는 그런 여행이 있다. 네팔 트레킹을 떠났을 때는 일정표를 제대로 읽지 않아서 8시간씩 5일간을 걷는다는 걸 모르고 갔다. 알았으면 그리 해맑게 웃으며 떠나지 못했을 트레킹이었다. 남편과 아들도 내 덕에 덜렁 따라와서 고생을 많이 했다. 그러나 그렇게 가지 않았더라면 그 흰 산이 주는 신비를 언제 볼 수 있있겠는가. 국내 지방에서 참여한 담마 명상도 10일 동안 하루 12시간씩 한다는 일정표를 제대로 못 보고 들어가서 어리둥절하며 앉았었다. 알고는 절대 못 가는 여정의 한 곳이다.

이번 인도 여행도 별생각 없이 고생은 좀 하겠지 막연하게 생각하며 룰루랄라 떠난 여행이었다. 그러나 부드럽게 나를 밀고 당기며 슬쩍슬쩍 비춰주는 내 모습을 볼 수밖에 없었던 시간, 내 앞에 놓인 거울 속에서 망연했었다.

산기슭에 자리한 스칸디나 아쉬람에 갔을 때는 '어머니의 방'에 들어가서 앉았다. 그곳에서 '나는 누구인가?'라는 질문을 계속하고 있었는데 '나는 어머니'라는 생각이 떠올랐다. 자식을 낳고 자식을 키우고 자식의 뒤에서 성장하는 걸 지켜보는 어머니인데, 내게 맡겨진 역할을 하지 않았다는 생각이 들었다. 이번 생에 주어진 역할을 잘하지 못했다.

아쉬람을 떠나는 아침에야 마하리쉬의 초창기 제자였던 헌신자 안나말라이가 떠올랐다. 말년에는 아쉬람에서 떨어진 곳에 살던 그의 집을 산책길의 마하리쉬가 일부러 들러서 다녔다고 했다. 헌신이라는 단어와 함께 떠오른 안나말라이의 사원에 들러 무릎 꿇은 후에 그곳을 떠나왔다. 성실과 헌신은 어머니의 덕목이라는 생각이 들었다. 결국 그 덕목을 실행하지 않은 것이다.

그리고 함께 여행하다 각자 목적지로 헤어지던 날 진아에게 했던 말, 어렵지도 않은 그 말이 왜 그렇게 하기 어려웠는지, 그 쉬운 말이 왜 나를 내려놓은 것 같은 느낌이 들었는지 그때는 알기 어려웠다. 진아가 20일 동안 "언니, 속으로 비난하고 있지?"라고 말해도 나는

"아니 괜찮아, 이해되는 걸"이라고 대답했다. 그렇게 첸나이에서 헤어졌는데, 말도 안 되게 바라나시 비행기 시간이 없어지고 다음 날 새벽으로 바뀌면서 다시 하루를 같이 자게 되었다. 그날 저녁 자기 전에 그 말을 했다. "네가 다르게 했으면 좋겠다고 생각했어. 불편한 마음이 있었어. 네 말이 맞아." 진아는 속이 시원하다고 했다. 진아는 내가 배려랍시고 거짓을 말하는 것이 더 불편했던 것이다.

낮에 우리가 다녀온 곳은 첸나이에 있는 라마크리슈나 사원이었다. 무조건적 믿음과 헌신으로 신과 직접 대화했다는 라마크리슈나의 사원에 30분간 앉아 있었다. '나'를 지키며 내세우고 있구나, '나'라고 버티며 이기려고 하는구나, '나'가 도대체 어디에 어떻게 있는 것인데 지키겠다고 버티는 걸까? 묵상했다. 라마크리슈나 사원에서는 그곳만의 성스러운 기운 때문인지 강력한 '나를 내려놓음'이 가능했다. 괜찮은 척 버틸 이유가 없는, 지켜야 할 것도 없는, 그렇게 없는 나를 사원에서 순간적으로 느꼈다. 물론 인천 공항에 도착하자마자 모든 깨달음은 순간 삭제되었고, 공격과 방어의 일상으로 돌아왔다.

이제 생각하니 툭 떠오른 MAGO는 우리나라 신화에 나오는 마고 할머니를 가리키는 말이었던가 보다. 깊은 무의식에서 좋은 것을 보여주는 안내자는 일관성 있게 할머니 모습이다.

아카타바키아로 간다

● 아카타바키아로 가야 한다며 여행용 가방을 끌고 간다. (2019년 5월 20일)

아카타비키아는 오디세이의 이타카처럼 상징적 지명이 아닐까? 소이와 요르단, 이스라엘 여행을 앞두고 꾼 꿈이었다. 꿈을 생각하며 먼저 여행용 가방을 샀다. 내가 이스라엘을 정한 게 아니라 유명한 가이드와 날짜가 맞아서 선택한 여행이었다. 그렇다 해도 나사렛, 예루살렘에 대한 안내까지 되어 있는데도 아무 생각이 없었다. 예루살렘에 가면 14처를 걷는다고 해서 기도문을 찾아보기도 했었다. 그런데도 아무 실감도 하지 못했다.

나사렛에 도착해서야 '내가 갑자기 나사렛에 와 있어?' 어리둥절했다. 시·공간을 뛰어넘어 마리아가 물을 긷던 우물 옆에 내가 뚝 떨어진 것 같았다. 아직도 맑은 물이 솟고 있는 샘을 보고 흐르는 물소리를 들었다. 그날 밤은 잠이 오지 않아서 이층 발코니에 시든 베

고니아 화분을 보며 해가 떠오를 때까지 앉아 있었다. "천사의 말을 전해 들은 마리아는 침묵했다"라는 문장은 "마리아는 천사의 말을 이해하지 못했지만, 가슴에 깊이 새겨 순종했다"라는 말이라고 신부님이 가르쳐 주셨다.

　나사렛에서 예루살렘으로 가는 도중에 들른 홍해가 보이는 항구 도시 이름이 아카바였다. 홍해는 출애굽기의 배경인 바로 그 바다였다. 삼십 년 전 처음으로 했던 성경공부로 알게 된 모세가 민족을 이끌고 탈출하며 지나간 지역과 가까운 곳이었다. 고향을 등지고 새로운 곳에 안착하기 위하여 고난을 겪었던 길이었다. 모세의 샘도 지나고 모세의 무덤도 멀리서 보고 모세 성당도 들렀다. 요르단이 사막을 포기하며 고수했다는 그 도시에서 하루를 잤다. 꿈속에서 들었던 아카타바키아라는 아카바를 말했을까. 바다로 나갈 수 있는 유일한 항구도시를 강조하려 했을까.

　예루살렘 14처 수난의 골목길에서 흰옷 입은 남자가 넘어질 듯 다리를 끌며 가고 있는 것을 보았다. 그 사람은 우리가 잘 아는 얼굴이었다. 본디오 빌라도 치하에서 고난받은 그 날부터 지금까지 십자가를 지고 같은 길을 반복하여 걷고 있는 예수님이었다. 원래 종교는 신비로 시작되었다. 이해하려고 하는 건 현대인의 습성일 뿐 직관은 신비를 안다. 신앙은 지식이 아니라 결단이라고 하던 말을 듣고 감동하기도 했었다. 예수님이 손바닥을 짚고 넘어진 돌 위에 내 손바닥을 포개보았다. 아무것도 모르면서 그지 넘어지는 것이 두려워서 버디던 작은 내 손바닥이었다. "왜 아무도 지식이 아니라는 말을 안 해줬요?" 하는 내 말에 신부님이 그러셨다. "지금 내가 하고 있잖아요."

영혼의 여행은 출발이며 도착이고 완성의 뜻을 지닌다. 나의 여행을 흉내 내기로 끝낼 수는 없다. 여기가 아닌 저기를 열망하는 건 변화를 원한다는 뜻이다. 현대 그리스 시인 카바피는 아마도 여행의 목적은 여정, 그 자체일 것이라고 이타카를 노래했다.

검게 빛나는 지하 10층

● 친구들과 지하 10층에 간다. 지하로 가는 계단은 검고 벽도 천장도 난간도 검게 빛이 난다. 내려다보이는 가운데 둥근 호수 같은 곳에 깊은 물도 검다. 검은 물속에서 검고 미끈한 것이 고개를 내민다. 검은 물과 끈적하게 붙은 것이 한 몸처럼 보인다. 우리는 그 검은 것을 보기 위해 지하로 내려왔다. 돌고래 비슷한 느낌이다. 누군가 기도문을 한 줄 외우고 내 이름을 부르며 이어서 외우라고 한다. 시작하려는데 저쪽에서 같은 기도문을 외우는 소리가 들린다. 멈칫하다가 목소리를 겹쳐 낭송한다. 끝나고 몸을 바닥으로 서서히 눕힌다. 돌아보니 유리창을 통해 바다가 보인다. 태양도 가득하고 맑은 물이 유리창까지 넘실댄다. 튜브를 탄 아이도 있고 수영하고 있는 아이도 보인다. 여기는 지하 10층인데 하며 바깥의 풍경을 바라보는데 어느새 내가 밖에 나와 있다. (2019년 9월 5일)

10이라는 숫자는 무의식의 바닥까지 내려갔다고 말해주지만, 검은 물속의 형체는 물과 끈적하게 붙어서 아직 전체 모습이 잘 드러나지 않는다.

컴퓨터 양쪽으로 왼쪽에는 깊은 눈으로 들여다보는 마하리쉬의 사진과 그의 어머니 사진이 있고, 오른쪽에는 만화 주인공인 빨간 머리 앤이 고양이를 안은 채 해맑게 웃고 있다. 그 사이를 메꾸지 못하면 그 벌어진 틈으로 소리 없이 추락할 것이다. 어둠을 보지 않고도 잘살아가겠다고 하는 건 불가능한 일이다. 융을 왜 읽고 싶지 않았는지를 알게 되었다. 길고 무거운 그림자를 끌고 다니면서도 뒤를 보고 싶지 않았던 것이다. 그림자를 돌아보지 않는다면 자신의 어둠과 약함을 인정하지 못하고 연민할 수도 없을 것이다.

혼자서 거울 앞에 서면 나는 죽음의 긴 꼬리를 보게 될 것이었다. 내가 행한 살해와 비도덕성이 현실에서는 강박적인 도덕성을 요구했다. 그 요구 또한 나를 향한 것이 아니라 타인을 향한 요구였다. 무의식에서 올라온 죄의식을 보지 않기 위해서는 타인에게서 그 죄를 낱낱이 밝히려 했다. 죄책감을 보지 않으려는 방어가 감정의 흐름을 막아버리고, 나는 도덕이라는 슬로건으로 살아갈 수 있었다.

내 마음의 심연에 있는 끈적끈적한 검은 물체를 대면하고 싶지 않은가 보다. 그래서 온갖 핑계를 갖다 대며 그 어두움을 밖으로만 내몰고, 호수같이 깊고 검은 나의 심연으로부터 멀어지려 애쓰고 있는 것 같다. 기도하는 목소리와 내 목소리가 합쳐진 덕분에 나는 태양이 밝게 비치는 수면 위까지 올라왔다. 아직도 나는 그 어두운 힘과 대면할 힘이 없나 보다. 그래도 한 가닥 붙잡고 있는 기도의 힘이 나를 그 어둠의 힘에 침몰되지 않게 위로 밀어 올려준 것 같다. 언제

쯤이면 내가 나의 심층에 있는 힘과 대면해 깊은 곳에 숨겨진 보물을 찾을 수 있을까?

● 나는 둥글고 깊은 바닥이 보이지 않는 심연을 들여다보고 있다. 돌아서지도 못하고 앞으로 발을 내딛지도 못한 채 그저 눈물을 흘리고 있다. (2015년 10월 7일)

몇 년 후에 그 심연을 몬스터라는 영화에서 만났다. "할머니가 원인이 아니야. 너의 이야기를 해, 나는 너의 병을 낫게 해주려고 왔어." 소년은 아픈 건 내가 아니라 엄마라고 외치지만, 몬스터는 그게 아니라 아픈 건 너고 너는 진실을 말해야한다고 다그친다. 소년이 마주한 몬스터는 크고 무섭지만 아름답다. "엄마가 죽었으면 좋겠어"라고 진실을 말하는 순간, 소년은 아득한 심연으로 떨어져 내린다. 그러나 괴물이라고 여겨 두려워했던 거대한 나무 정령인 몬스터는 손을 뻗어 소년을 잡아 올려준다. 내 앞에 펼쳐진 그 깊은 어두움은 나와 나의 틈이었다. 그 후로는 심연은 마주하지 못했고, 그래서 진실을 요구받지도 않았지만 대신 구원도 없었다.

불길

● 아스팔트 길이 길게 여기저기 금이 가고, 갈라진 사이로 불길이 보인다. 저 금이 가고 있는 것들을 한곳으로 모아서 크게 폭발하고 타버릴 수 있도록 해야 한다고 생각한다. 확 타고 있는 불길을 본 것도 같다. 솔직함의 문제라는 생각을 한다. 솔직하다고 말하지만, 결국 자기의 경험과 기억과 느낌으로 만든 판단을 솔직하다고 하는 것이라는 이야기를 나눈다. 이렇게 금이 가고 있는 아스팔트 꿈을 며칠 전에도 꾸었다. 그때도 이게 뭐지 의아해하며 잠이 깨었다. (2016년 8월 18일)

꿈을 꾼 그날, 우연히 친구에게 마이클 아이건의『무의식의 불꽃』이라는 책을 선물 받았다. 그 책의 37쪽에 불에 대한 아름다운 문장이 있었다.

여러 해 전에 저는『정신적 죽음』이라는 책을 냈는데, 그 책에서 아물지 않은 상처와 꺼지지 않은 불의 이야기를 다루었습니다. 그것은 좋은 불,

창조적인 불이며 나쁜 불이 아닙니다. 아물지 않은 상처가 꺼지지 않은 불을 만납니다. 그것이 평생에 걸친 회복 과정입니다. 단지 스스로를 덮어버리거나 자기가 아닌 거짓된 완전한 사람이 되는 것이 아닙니다.

내 삶이 아스팔트처럼 견고하고 매끈하게 보이지만, 감추어진 진실의 불이 회복을 위해 밀고 올라온다고 말하는 것 같다. 아스팔트길은 탄탄대로라고 봐도 좋을 것이다. 외부에서 보는 모습은 잘 닦인 아스팔트다. 그러나 그 아스팔트가 내면에서는 금이 가서 밑에서부터 불길이 올라오고 있는 상황이다. 그 불은 화장으로 꾸민 얼굴인 페르소나가 금이 가기 시작한다는 파탄의 예고이기도 한 것 같다.

꿈속에서 솔직함의 문제를 친절하게 알려주고 있어서 놀랍다. 내가 솔직해서 손해를 보고 내 잘못이 드러난다면 절대 솔직하지 않을 것이다. 솔직하다는 말장난으로 까발릴 때 다른 사람이 손해를 보고 부끄럽게 만들기 때문에 솔직하다는 건 사실 나의 공격수단으로 쓰였다는 생각을 오늘 했다.

이 꿈의 시기는 친구가 꿈 공부를 하자고 했는데, 나는 서울에 올라가는 게 너무 힘들어서 안 하고 싶다고 하던 때였다. 안 해도 잘 산다면서 큰소리쳤는데, 무의식은 이미 불길이 번지며 솔직함이란 가면을 쓴 채 거짓된 삶을 살고 있는 걸 보라고 했던 모양이다. 그때 무의식의 음성을 못 알아듣고, 지금에야 오래전 꿈을 기억하고 살펴보고 그 회복을 기대한다. 이전의 꿈이 기억나는 건, 기억하는 지금 그 꿈의 메시지를 다시 들어야 한다는 의미다. 지나간 꿈이 시·공간을 넘어 다시 살아서 돌아온 것이다. 지금도 그 아스팔트 사이로 삐져나오려는 꿈속의 불길이 보인다.

● 밭에서 네 귀퉁이의 작은 불기둥과 한가운데 큰 불기둥이 보인다. 마구 타오르는 불이라기보다는 조용한 불길이다. (2021년 5월 13일)

불은 재생과 전환을 의미하기도 한다. 불에 대한 의미를 이해하면서 불기둥이 올라오는 꿈을 꾸었다. 이제 준비가 끝나고 변환과 재생을 재촉하는 불길로 보인다. 그러나 아직 안정되지 않은 내가 다시 멀리 도망칠까 봐 위협적이지 않게 제 자리를 지키는 불길이 든든한 후견인처럼 내 마음에 파고드는 것 같다.

마음의 눈으로 보아라

● 안과에서 "눈이 안 좋아졌다. 왜 이제야 왔느냐?"라고 의사 선생님이 걱정하는 말을 듣고 놀라며 꿈을 깼다. (2021년 1월 7일)

왼쪽 눈에 황반변성이 나타나서 3번의 주사를 맞고 나서 정기 검진 날짜가 두 달이 지난 상태였다. 깜짝 놀라 허둥지둥 안과에 갔다. 더 나빠지진 않았다며 한 달 후 검진 예약을 잡고, 돌아와서야 내가 내면의 중요한 걸 못 본다는 소리구나 싶었다.

어제 서점에서 『왓칭2』를 봤는데, 시야를 넓혀보는 게 중요하다는 내용을 발견했다. 잘 읽어봐야겠다 싶어 책을 사서 집에 와서는 다른 책만 보고 있었다. '왓칭' 자체가 내면의 눈을 떠서 보라는 이야기였으니 마음의 눈이 나빠졌다는 말과 상통하는 것처럼 들린다. 좁게 보면 닫힌 문만 보이고 넓게 봐야 옆에 열린 문이 보인다는 글에 '맞아' 했었다. 좋은 눈은 명석한 깨달음의 의미이다. 내면의 눈을 맑게 닦고 넓은 시야로 내면과 만나는 일을 재촉해야 할 것 같다.

생각하니 눈이 나빠졌다는 말을 듣기 직전에 또 다른 꿈을 꾸었는데, 엊그제 가게 갔다가 만져보고 왔던 냄비를 '사야 하는데 왜 안 샀지?' 하며 꼭 필요해서 샀어야 했다고 한탄을 하는 꿈이었다. 그저께 냄비를 구경하면서 주전자 대용으로 찻물을 끓일 수 있는 작은 냄비를 살까 망설이다 그냥 왔었다. 꿈에서 깨서 '정말 필요한데 왜 안 샀지?' 하면서 오후에 나가서 진짜 냄비를 샀다.

나의 내면에서 새로운 정보와 지식을 담고 끓이는 데 필요한 준비를 하지 않는 정신 상태에 대한 이야기였다. 우리 몸에 3차크라(영적인 금의 색깔인 노란색이 상징이며 변형의 과정을 묘사한다)의 용광로 역할처럼 여러 가지를 끓여서 금이 나오는 연금술적 전환까지 상상되었다. '제대로 잘 골라서 읽고, 요리해서 소화를 잘 시켜라'는 메시지로 이해가 된다. 정신 좀 차리고 눈을 똑바로 뜨고 제대로 좀 하라는 소리로 들려온다.

> ■ 눈은 몸의 등불이니 그러므로 네 눈이 성하면 온몸이 밝을 것이요, 네 눈이 성하지 못하면 온몸이 어두울 것이다. 그러므로 네 속에 있는 빛이 어두우면 그 어둠이 얼마나 심하겠느냐?
>
> _ 마태복음 6:22-23

나에게 친절한 것은 책을 읽는 것이다

● 옥탑방 같은 데서 두 명의 여자가 이사를 하는 듯 책을 옆집으로 옮겨 간다. 한 여자는 머리가 단발이고, 또 다른 여자는 긴 머리다. 내가 빌려 다 놓은 책 5, 6권까지 가져가 버려서 당황한다. 돌려달라고 하려고 한다. (2019년 4월 11일)

● 나는 친절한 사람이라는 생각에 가득 차 있다. 거의 무한대의 친절을 베풀 수 있다는 생각을 하며, 읽을 줄 몰라서 책장을 펼쳐 들고 기다리는 사람에게 다가가다가 몸을 돌려 와 버린다. (2019년 7월 23일)

책을 쟁여놓기만 하고 읽지는 않고 있을 때, 경각심을 주려는 듯 빌린 책까지 가져가 버리는 꿈을 꾸었다. 그래도 책을 안 읽었더니 더 구체적으로 책을 읽어주는 것이 친절이라는 꿈이 나타났다. 연민과 친절에 대한 수업을 열심히 듣던 때였다. 나중에 아기가 들어 있는 상자를 주고받던 꿈속 여자들도 옥상에서 살았던 생각이 났다.

"상처 입은 친구의 말을 들어주고, 편들어주고 위로하듯이 자신에게 똑같이 하면 돼요, 왜 같은 상황에서 자신에게는 바보라고 욕하며 비난하나요?" 친한 친구에게 하듯이 자신에게 친절하게 해주라고 한다. 연민 수업 중에 스님의 말씀이다. 오죽하면 교재 제목도 "오늘부터 나에게 친절하기로 했다"이다. 나에게는 친절이라는 말이 거의 외국어처럼 생경하니 어쩔 것인가? 친절은 노릇하게 잘 구워진 생선 같은 느낌도 들고, 큰 눈깔사탕 같아서 입 안에 넣고 잘 굴려 먹어야 할 것만 같다. 나한테는 친절이 있는 자리가 아주 멀어서 애써 잡다가 도망 못 가게 붙들어 놓아야 하는 단어이다.

나한테 친절한 행동은 책을 읽는 것이라는 메시지를 듣고도 못 알아듣다가 시간이 한참 지나서야 실감한다. 사다 놓고 안 읽은 책들이 모두 내 영혼과 소통하고 싶어서 기다리고 있는 것이 보인다. 책을 스스로 읽어서 소화해서 자신의 피와 살을 만들라는 말이었다. 가르쳐주는 것에 의존하며 껍질만 맛보고 넘어가려는 얄팍한 수를 쓰지 말라는 메시지였다.

요즘 다시 책을 읽어보니 내가 직접 체득하는 것과 다른 사람이 이해한 것을 듣는 것의 차이를 알겠다. 내가 읽어서 이해하는 것은 살아 움직이고 광범위하다. 족집게 강사를 쫓아다녔던 나에게 책을 직접 읽는 것이 나를 위한 친절한 행동이라고 꿈은 깨우쳐주고 있었다. 어릴 때 읽던 동화책들은 다른 세상을 보여주었고, 여학교 때 고전들은 삶의 거대함과 욕망의 끝을 보여주었다. 그리고 고통스러운 시간 속에서 읽었던 크리슈나무르티, 라즈니쉬, 마하리쉬와 크리슈나는 시간과 공간의 초월을 알려주었다.

이제까지 이해하지 못했던 꿈도 책을 읽으면서 이해가 가능해졌다. 이렇게 스스로 깨닫게 돕는 것이 책의 역할이다.

꿈 이해를 위해서 정말 다행이었던 것은 필요한 책이 책장에 다 꽂혀 있다는 사실이었다. 융 공부하던 친구의 추천으로 사놓고 뒤적거리다 던져놓은 책들이었다. 이번에 꿈을 살펴보면서 정말 유용하게 사용하였다. 한번 읽어서 알았다 싶은 내용도 다시 읽어보면 다르게 이해되고 처음 본 내용 같고, 당황스러울 정도로 많은 이야기가 담겨 있었다. 그것은 무의식의 거대함 때문일 것이다.

연민이 필요하다

● 기쁨이 가슴에서 배까지 잔잔하게 퍼지는 걸 느낀다. '너무 좋다'라고 생각한다. 펼쳐진 책의 중간 부분에 줄이 그어 있는 꿈을 꾸었다. 기억나는 건 '나와 나의 조화' 아니면 '우리들의 조화'이다. (2021년 3월 8일)

연민 수업을 받다가 내가 약하다고 느껴지고 수치심이 생기면 그 사실을 왜곡시키며 변신 로봇처럼 휘리릭 강한 나로 바꾸는 순간을 발견했다. 내 감정이 더 느껴지기 전에 상대방을 이해하는 걸로 바꾸는 것이다. '그 사람은 그럴 수밖에 없었어. 내가 나이도 있고, 이해해야지' 하는 그 순간에 내 상처 입은 심정에서, 멈추고 느껴서 느낌에 이름 붙여 연민해 주어야 하는데, 아예 부정해버리니 연민해 주기가 불가능해진다. 상처를 외면하여 '상처받은 약한 사람'이라는 수치심을 덮어버리고, 이해한다며 넘어간다. 그래서 상처 입을 때마다 나의 가면은 더욱 견고해진다. 원인을 찾고 반성하고 고쳐나가는 과정은 없어진다. 변화는 있을 수 없고 여전히 제자리걸음을 하며 상처와 방어를 반복할 뿐이다. 짜증과 화는 엉뚱하게 만만한 가족에게 풀었다. 수치심에 대한 설명도 새로웠다.

"사랑받고 연결되고 싶음에 대한 좌절이 수치심을 불러일으킨다면, 사랑과 연결이 순수한 감정이듯이 역설적으로 수치심도 순수한 감정이다. 그래서 수치심도 보편타당한 감정이다."

누구나 자신의 여정을 가고 있으며, 내가 고통을 줄 수 없고 나도 고통받을 수 없다는 것을 생각하는 것을 '평정심 연민'이라고 한다. 각자의 여정을 가는 중에 잠깐 정지신호 앞에 멈춰 선 것이라고, 신호가 바뀌면 다시 각자의 길을 갈 거라는 스님의 수업을 들으니 거짓말처럼 관계에 대한 갈등이 잦아들었다.

내가 잘못한 건 실수라고 하면서, 너의 잘못은 큰 죄라고 했다는 것도 느껴졌다. '너도, 나도 우연히 함께 멈춘 자리에서 같은 크기로 작은 실수를 한 거였어.' 그저 자기 갈 길을 계속 가는 사람의 뒷모습을 보며 나를 돌아봐달라고 어리광을 부렸다는 생각이 들었다. 안 보이는 엄마를 부르며 길바닥에서 뒹굴며 울던 아이가 생각났다. 나를 두고 가는 사람을 보면 아이가 되어 버린다. 그 아이를 안아 올리고 놀아주고 설명도 잘해 줄 필요가 있다. 매를 맞지 않으려고 다른 쪽 길로 도망가던 더 큰 아이도 생각난다. 두렵고 당황한 아이는 무작정 길을 뛰어가고 있다. 달려가고 있는 아이에게 괜찮다고 멈춰도 된다고 말해줘야 한다. 그 아이도 따뜻하게 안아 줘야 한다. 머리를 쓰다듬고 꼬질한 얼굴을 닦아주며 내가 기다리고 있다고 말해줘야 한다.

잘할 수 있다

● 문장이 두 단락으로 나뉘어 있다. 위에는 짧은 단락이고 밑으로는 긴 단락이다. 위의 것은 20~30 프로는 도와줄 수 있는데, 밑의 내용은 스스로 알아서 해야 한다고 한다. '나는 할 수 있다. 나는 잘할 수 있다.' 아침에 잠에서 깨면서 떠오른 말이다. (2021년 3월 17일)

꿈을 꾼 것일까 아니면 생각을 한 것일까. 꿈을 꾸다 깬 것일까 생각 끝에 눈이 떠진 걸까. 그 생각을 할 때 잠에서 깨어 있었던 것 같다. 이런 생각을 한 것을 잊지 말아야지 단단하게 결심도 한 것 같다. 무엇을 잘하겠다는 이야기였을까.

잘하려고 하는 것이 삶에 얼마나 폭력적인가에 대한 책을 읽다가 잠이 들었었다. 그런데 잘할 수 있다는 결심을 하며 잠에서 일어났다는 게 아이러니하다. 책 내용에 무척 감동도 했고, 공감도 했는데 말이다. 그 책에는 공간, 쉼, 죽음 같은 단어들이 아름답게 수놓아져 있었다. 물론 "죽음까지 살라"는 문장도 있었다.

"그 느낌을 그냥 느껴 보면 어떨까요? 그 느낌과 그냥 함께 있어 보세요. 그것을 맛보고 살펴보고, 그것이 무슨 말을 하는지, 어디로 향하는지 알아보는 겁니다. 그 느낌과 머물고 그것을 돌보고 그것에 공간을 주는 시간이 필요할 것 같아요." 아무도 나에게 해주지 않았던 말처럼, 한 번도 들어보지 못한 말처럼 마이클 아이언의 말이 진심으로 들렸다.

아침에 내담자를 만났을 때, 책에서 들은 그 말을 잊지 않으려고 했다. 나의 내담자도 책 속의 환자처럼 그리고 나처럼 공간이 없고 쉼이 없고 죽음을 두려워하고 혼란에 빠져 있다는 게 느껴졌다. 내담자는 포기하고 싶어지는 자신을 두려워하고 채찍질하고 있었다. 가만히 있으면 죽게 될까 봐 불안한 것이다. 불안할 때는 가만히 숨의 들숨과 날숨 사이에 멈춤을 바라보면 좀 나아질까? 그 멈춤이 죽음을 연습하는 찰나라고 누가 말한 것 같다. 살아서 지켜보는 죽음의 1초가 죽음의 불안을 1초씩 죽여준다면 삶의 공간이 생길까?

올해 봄은 유난히 꽃들이 일찍 피어나고 있다. 벌써 지는 매화를 보며 홍매화 두 그루를 뒤뜰에 심었다. 매화는 성장 속도가 빠른 나무이다. 겨울이 지나서 내년 봄이 되면 붉은 매화꽃이 피는 것을 볼 수 있을 것이다.

낡은 신전과 정화의 물

● 상담소 회원들과 견학을 간다. 어두운데 딱 앞만 보이는 길이다. 목표 건물은 길 끝인데 진해의 해군 사령부 같은 느낌이다. 회원 한 명이 내 찻잔에 손가락을 집어넣는다. 화가 나서 초록색 차를 버려버린다. 가다가 왼쪽 집으로 혼자 들어간다. 원래는 관람하는 곳인데, 집 앞은 허름한 식당이 되었고 뒤로 돌아가면 여신의 신전 같기도 하고 성모님을 모신 동굴 같기도 한 곳이 있다. 입구는 여신 그림이 색이 벗겨지고 희미해져 방치되어 있다. 동굴 안을 들여다보고 캄캄해서 그냥 돌아선다. 원래 가려고 한 곳에 도착했는데 굳이 안 가도 되어 건물 앞에서 돌아선다. 돌아가는 길에 계곡이 생겨서 바위를 손으로 짚고 뛰어오르면 되는데 한 바가지의 물이 내 얼굴 쪽으로 쏟아질 것 같다. 물이 입으로 들어올까 봐 못 올라가고 낑낑거린다. 거기만 올라서면 좋은 길이 보이는데, 힘들다. (2020년 3월 18일)

집이나 건물은 꿈꾼 사람의 자아 상태를 나타낸다고 말한다. 그래서 이 꿈에 나오는 집의 허름하고 방치된 상태가 좀 부끄럽고 아쉬웠다. 집은 유물로 지정되어 고대 역사를 품고 있는 집이었는데, 사람들에게 잊힌 상태였다. 더욱이 보이는 앞쪽은 식당으로 쓰고 있었다. 그 식당도 지금은 손님을 받지 않는 상태로 비어서 낡아 있었다. 집 입구와 동굴 입구에 오래된 여신 그림은 화려했던 흔적만 남은 채 색깔이 지워지고 있었다. 동굴도 캄캄해서 들어가 볼 수 없는 상태라는 것이 내면으로 들어갈 준비가 안 된 모습으로 보인다. 특히 동굴은 신성한 곳으로 대지의 여신의 자궁으로 알려져 있어서 깊은 내면의 본성을 상징하기 때문이다.

혼자 오래된 집을 찾아 들어가고 집의 뒤편으로 돌아가서 동굴 신전이 있다는 것도 익숙하게 알고 있다. 앞과 뒤가 전혀 다른 모습을 품은 하나의 집 형태이다. 동굴 신전이 너무 컴컴해서 기웃거리기만 한 것은 나의 무의식이 어둡고 용기를 내지 못하고 있다는 것 같다. 관리되지 않은 몸과 정신과 영혼에 대하여 경고를 해주고 있다. 내가 가야 할 곳은 조직화된 집단이 아니고, 어두운 동굴 속으로 들어가서 혼자 앉을 수 있어야 한다고 말하는 것 같다. 그러기 전에 물로 얼굴과 목을 정화해야 하고 바위를 짚고 가볍게 뛰어오를 수 있어야 한다고 말한다. 내면의 여정을 떠나기 위해서 먼저 거짓된 얼굴과 거짓말하는 목에 대한 정화를 요구하고 있는 것이다. 영원히 목마르지 않을 생명수의 의미도 포함하고 있었을까? 꿈에서 바위를 짚어야 할 손은 오래전 꿈에서 밟힌 손이고 스무 살에 다친 손이다. 올라서지 못한 이유가 아직도 손에 남은 상처 때문일까?

물은 무의식을 뜻하고 생명의 물로 세례의 의미와 치유의 목욕을 상징하기도 한다. 목에 자리한 5차크라(목 차크라, 푸른색으로 알려져 있다)는 땅과 하늘을 연결하는 지점이고 진리를 공표하는 차크라로 알려져 있다. 그러나 독이 있음직한 초록색 차를 버렸기 때문에 돌아올 수 있었고, 버린 차가 땅에 스며들어서 정화된 한 바가지의 물이 되었다는 상상도 되었다. 그 차를 마셨으면 마비가 일어나서 돌아오지 못했을 것 같다. 결국 친구의 손가락은 낡은 습관을 버리고 새로운 길로 돌아서게 하는 바른 방향을 가리켰다.

지금 꿈에 대한 글을 쓰느라고 낑낑거리는 내 모습이 훌쩍 뛰어 올라서야 하는데 물이 쏟아질까봐 두려워하는 모습과 닮았다. 꿈에 대한 이해가 일어나는 지금 글을 쓰는 시간이 정화의 기회라는 생각도 든다. 좋은 길로 올라서면 낡은 집을 잘 관리하고 신전을 복원하고 싶다. 식당은 치우든지 다시 잘 수리를 하든지 해야 할 것이다. 집은 인격의 상징이고 의식적인 관심 분야를 상징하기 때문이다.

도둑

● 약간 경사진 길을 걸어 올라가는데 길옆에 진열된 물건들이 보인다. 파는 사람이 있는 건 아니고 전시처럼 되어 있다. 수제 비누가 쌓여 있는데 나는 찌그러진 걸 하나 들고 친구는 온전하게 직사각형으로 반듯한 비누를 들고 가다가 CCTV에 보인다는 걸 깨닫는다. 친구는 옆에 그냥 놔두고 올라가고 나는 주인이 오기를 기다린다. 마음의 때를 없애주는 비누여서 사려고 한다. (2018년 7월 14일)

삶에서 희생이라는 대가를 지불하지 않고 그냥 가지려고 한다는 걸 보여주는 꿈인 것 같다. 친구의 적극적인 권유로 꿈 분석을 받으려던 시기였는데, 중요한 작업이다 싶으면서도 힘들게 느껴졌었다. 가장 힘든 이유는 진주에서 서울을 오가기 위해서 8시간 동안 차를 타야 했기 때문이었다. 그래도 무의식에서는 소중한 작업이란 것을 알기에 슬쩍 찌그러진 비누라도 훔치는 꿈이 나타난 것 같다. 어떤 그룹에 속하고 싶어할 때, 잘하고 싶어서 사람들이 한두 번씩 하게 되는 행동이라고 『내면작업』에서 로버트 A, 존슨은 도둑 꿈을 설명했다.

꿈에 대해 알고 싶기는 하면서도 꿈에 관한 책을 읽지도 않고 분석 받는 것도 거부하고 있던 때이다. 그림자를 만나는 대가를 지불하지 않고, 쉽게 살아가려는 습관을 무의식이 슬쩍 지적하고 있었다. 그렇게 쉬운 마음으로 많은 수업을 들었다는 걸 알겠다. 제대로 대가를 치룬 적이 없어서 진정한 성취감도 없었다. 제대로 내 성장을 위해 온전한 헌신을 한 적이 없었던 것이다. 페르소나를 유지하기 위해서 수업을 받고 수업을 하느라 묻혀버린 무의식이 도둑처럼 삐져나오고 있다.

남편 지갑에서 만원을 꺼내는 꿈을 꾼 날, 남편은 돈을 잃어버리는 꿈을 꾸었다고 해서 웃은 적이 있었다. 나의 남성성의 에너지를 남편에게 맡겨버리고 있어서 훔쳐서라도 가질 필요가 있다는 의미일 수도 있겠다. 내가 스트레스를 받는 현실이 생길 때마다 남편은 나를 버리는 역할로 꿈에 나타나서 현존하지 못하는 내 에너지 상태를 보여주는 사람이기 때문이다. 돈은 에너지, 힘, 심리적인 힘, 생명력, 뭔가에 투자하는 것, 자원을 뜻한다고 본다. 그것들을 스스로 키워나갈 필요가 있다는 말이겠다.

◆ 꿈은 도둑이라는 극적인 이미지를 통해 주의를 환기시켜 내면에 있는 무엇인가에 눈을 뜰 필요가 있다는 이야기를 하고 있다. 자신 안의 우수한 특질을 억압해서, 비유적으로 말해 '문밖으로 내쫓아버려서' 그 특질

이 삶으로 되돌아오는 유일한 방법이 도둑처럼 '침입'하는 것이라는 의미일 수도 있다. 우리는 흔히 우리가 지닌 최상의 부분을 억압하고는 이를 오히려 '부정적'으로 간주한다. 그래서 자신한테 가장 풍요로운 면들, 심지어 신의 목소리조차도 자신의 삶으로 동참하려면 우리 시간을 '훔칠' 수밖에 없다.

_ 로버트 존슨/고혜경·이정규 옮김, 『내면작업』

상자 속의 아기

● 대학 다닐 때 초라한 내가 친구 네 명과 함께 앉아서 술을 마시다가 자리를 거절하고 나온다. 상자에 담긴 아기를 옥상 이쪽 방에서 건너편 방에 있는 아기엄마를 중간에서 만나 건넨다. 그녀는 상자를 열어 아이와 눈을 맞추고, 아기는 기어 다니며 돌아보고 엄마와 눈을 맞추며 웃는다. 가로수가 보이는 왼쪽 길을 뒷모습을 보이며 가고 있다. 상자를 받들어 들고 옷은 바지와 긴 자켓을 입었다. (2021년 4월 17일)

꿈에서 깨어나 이유도 모른 채 서럽게 울었다. 아기와 눈맞춤 하는 엄마 때문이었을까? 아이들을 키우면서 아이 앞에 멈춰서 진정으로 눈을 마주친 적이 없었다는 생각 때문이었을까? 대학 다닐 때, 상한 가슴과 몸으로 바닥을 기어 다녔던 내 모습도 떠올랐다. 그때 자신이 너무 초라해서 거의 벌레가 된 심정이었다. 그때 벌레 같았던 심정을 상자에 집어넣고 뚜껑을 닫아버렸던 것 같다. 초라하게 저 삶의 바닥을 기어가는 건 내가 아니라고 부정하며 상자를 닫고 모른 척했다. 그 상자가 열린 것 같다. 그 뚜껑이 열리자 아기가 살아 있다. 아기는 엄마를 만나서 눈을 맞추며 웃고 기어 다니기 시작한다. 꿈에서 일어나 나도 모르게 엉엉 울었던 이유는 긴 세월이 지났는데도 죽지 않고 살아남은 아기에 대한 안도의 눈물이었을까? 다시 찾은 아기는 이제부터 내 삶에 대해 새롭게 시작할 수 있다는 의미였을 것이다.

왼쪽 길을 걸어가는 여자가 들고 있는 상자는 그림자를 더 잘 만나보겠다는 의지로 읽힌다. 늘 방으로 스며들어 오던 젊은 여자가 자기 갈 길로 가고 있는 것 같다. 항상 원피스나 치마를 입고 있던 여자가 바지를 입었다는 것도 고정된 여성 역할에서 벗어나 적극적으로 행동하는 모습으로 보인다. 그림자 여성이 우울하게 숨어 있던 벽에서 벗어나 바깥으로 걸어가고 있는 것 같다. 그림자 여자의 침입이 늘 두렵고 무서웠는데, 여자가 초연하게 가고 있는 변화가 기쁘기도 하고 안심도 되어서 눈물이 흐른 것도 같다. 꿈은 내가 살아내지 못한 삶, 피해버린 삶을 보여줌으로 의식에 대한 보상역할을 한다.

제레미 테일러의『살아 있는 미로』에서 서랍 안에 20년간 방치된 갓난아기를 발견하는 꿈 사례를 읽은 적이 있다. 꿈꾼 이가 집에 진짜 있는 그 서랍을 열었을 때, 예전에 쓰다 둔 원고가 발견되었다. 꿈속의 아이는 말 그대로, 방치한 자신의 창의성과 꿈이었던 것이다. 그렇다면 내 꿈속 상자에서 나온 아기도 요즘 쓰고 있는 글을 의미할까?

오늘은 중요한 날이다

● '빨리 일어나라. 오늘이 얼마나 중요한 날인 줄 아느냐? 네가 이제껏 살아온 것이 바로 오늘을 위해서야.' 나를 다급하게 깨우는 어떤 소리가 들렸다. 큰일 났네. 오늘 강의하러 가야 하는 데 잊었나? 늦어서 어쩌지. (2015년 10월 11일)

오래전 대구의 한티 성지에서 열렸던 꿈 수업에서 제레미 테일러는 "오늘 당신이 그 꿈을 기억하는 것만으로도 축복이다"라고 하셨다. 늘 삶의 어떤 날이 찬란한 기적이기를 바랐다. 영화처럼 불기둥이 솟아오르고 빛이 회오리처럼 돌고, 갑자기 정신을 잃었다가 일어나면 세상이 막 반짝거리고 평화로워지는 기적을 상상했다. 그래서 기적이 일어나는 장소를 찾아다녔다. 갑자기 번개가 쳐서 나를 관통하기를, 흰옷 입은 여신이 나타나서 내 손을 잡아끌며 기다렸다고 말해주기를 그래서 흰 빛에 쌓여 저절로 거듭나는 상상을 했다.

그렇게 강렬하지는 않아도 어떤 순간들은 있었다. 상담소 벽에 걸렸던 마하리쉬를 비롯한 여러 인도 성자들의 사진에서 빛줄기가 뻗어 나와서 바닥의 중앙으로 모이는 걸 본 적도 있다. 그러나 잠깐 놀랐을 뿐 긴가민가하면서 지나쳐버렸다. 결국 꿈을 통해 '오늘이다. 깨어나라'는 아름다운 목소리도 들었다. 여전히 나는 어리둥절했을 뿐이다. 세상 것을 다 놓고 보이지 않는 길을 가기에는 가진 것이 너무 많았다. 벼락처럼 아예 나를 죽여서 질질 끌어가 주기를 바랐지만, 의지를 내서 수행이나 헌신을 할 성의는 없었다. 신이 베푼 '세 가지 소원'을 싸우느라고 원래의 자리로 돌아오는 데 쓰는 어리석은 인간이 바로 나였던 것 같다. 그것이 바로 나였다.

그래도 신은 나를 외면하지 않고 깨우쳐주려고 기적에 대한 갈망은 『기적수업』이라는 책을 보내서 기적이 뭔가를 낱낱이 알려주었고, 상처받은 영혼이란 피해자 의식에 대해서는 『상처받지 않은 영혼』이라는 책의 제목으로 답을 보내준 것 같다. "기적은 신이 네 앞에 번개를 이끌고 나타나는 게 아니라, 인식의 전환이 일어나는 걸 말한다. 기적은 신 앞에 무릎 꿇은 너의 회개로 완성된다." "영혼은 상처받을 수 없다. 온전함 그 자체이고 사랑의 빛이기 때문에 상처란 말을 알지도 못한다"라는 요지로 이해한 시간이었다.

5장

푸른 문이 열리면

시 작 하 며

삶의 핵심은 운명처럼
이미 무의식에 입력되어 있다

푸른 문이 나오는 꿈은 트럭 운전을 해주는 할머니가 나오는 꿈과 같은 날 꾼 꿈이었다. 도움을 주러 나타난 할머니가 나타나서 기쁜 나머지 푸른 문은 잊어버렸다. 푸른 문이 몇 번이나 앞을 막아도 모르고 스쳐 지나가는 나를 안내하기 위해 트럭과 할머니가 나왔다는 생각이 이 글을 쓰면서야 들었다.

며칠 후 푸른 겉옷을 걸친 리어왕의 모습이 갑자기 떠올랐다. 리어왕의 어리석음과 배신을 만나면서 먼저 흐린 내 눈이 열렸다. 삶의 드러난 부분과 숨겨졌던 기억이 서로 교차하는 시간이었다.

5장은 개성화 과정의 상징인 원형상징들을 대면하는 과정이다. 자기(Self)라고 부르는 중심이며 의식과 무의식을 포괄하는 크기이기도 하다. 자아가 의식의 중심이듯 자기는 그러한 전체성의 중심이다.

그림자를 대면하고 나아가서 더 깊은 아니무스와 아니마가 안내자로 변했을 때 의식과 무의식의 경계에 있던 푸른 문이 칠흑 같은 어둠 속에서 '문 없는 문'으로 열렸다. 그때 눈앞에 나타난 것은 우뚝 서 있는 신의 형상이었다. 꿈은 푸른 문을 열어서 신을 보여주었다.

삶에서 일어나는 일들에 대해 우연이라고 치부하지 않고 꿈에 주의를 기울이자 비밀스러운 내면세계가 열리기 시작했다. 그 비밀은 우리가 이 세상을 살아온 핵심 감정과 핵심 주제가 운명처럼 이미 우리의 무의식에 입력되어 있다는 것이었다.

이번 삶에서 겪었던 일들이 이미 입력되어 있었다는 자각은 내가 이전에도, 이후에도 이어져 있다는 연속성을 주었다. 내면의 부름에 응답하지 않으면 삶은 그저 툭 끊기는 것 같을 것이다. 알 수 없는 어떤 시간으로부터 이어져 내려오며 탈출하려는 꿈과 문 없는 문을 열고 들어간 꿈은 시간과 공간의 초월을 알려주었다.

그 '입력된 값'이라는 열쇠가 살아온 시간의 잠긴 문을 열고 있다. 이전에는 무의식 안의 인격들과 나의 관계를 부인했다. 이제는 그들과 함께 내가 살던 성城을 찾아 어둠 속으로 나아간다. 용기와 인내심을 갖고 더 깊고 캄캄한 무의식의 나라로 향한다. 그 문이 열리면 우리를 기다리고 있는 오래된 얼굴이 있을 것이다.

잠깐 본 그 꿈의 기억은 우리의 삶에 또 어떤 영향을 줄까? 나무나 산의 상징이 인간의 전체적인 의식을 일깨우지만, 그것을 우주까지 확장시켜 열지 못하는 한 그것은 그 기능을 다하였다 할 수 없다고 『성과 속』에서 엘리아데는 말한다. 무의식적 활동은 삶의 어려움에 해결을 제공하며 이런 방식으로 종교의 역할까지 수행되어야 한다는 의미이다.

푸른 옷이 걸린 문

● 멀리 바다가 보인다. 글 쓰는 언니들과 함께 떠난 야유회에서 집에 가려고 친구를 찾는다. 두리번거릴 때마다 친구의 '푸른색 겉옷이 걸린 문'이 서너 번이나 눈앞에 보인다. 친구를 못 찾고 혼자서 집으로 돌아간다. (2021년 2월 22일)

다음 날, 꿈에 나온 친구가 우리 동네에 새로 생긴 카페를 소개받았다며 가보자고 왔다. 같이 찾아간 카페 이름은 '푸른 응접실'이었고, 입구의 작은 쪽문은 푸른색으로 칠해져 있었다. 정원에 의자 두 개도 푸른색이었다. 놀랍게도 꿈속의 푸른 옷이 걸린 문을 되새겨주는 풍경이 현실에 펼쳐져 있었다. 꿈속에서 푸른 겉옷까지 문고리에 걸려서 이리저리 두리번거릴 때마다 서너 번이나 문을 눈앞에 보여주며 강조했는데도 가볍게 지나쳐 버렸구나 생각하니 문이 나를 쫓아다녔다는 느낌까지 들었다. 내가 열고 들어가야 할 문이 있다고 꿈에서 몇 번이나 보여준 것이구나 싶었다. 친구도 마침 엊그제 생전

안 사던 푸른 윗옷을 샀다면서 재밌어했다. 거기에다 푸른 문에 대한 꿈을 꾸고, 다음 날은 실제로 푸른 응접실로 들어간 것은 엄청난 꿈의 메시지인 것 같았다.

다음 날부터 계속 푸른색 문이 눈앞에 아른거리면서 신비롭고 약간 흥분된 느낌이 들었다. 문이 열리고 만나게 될 것이 무엇인가 궁금하고 설레었다. 겉옷은 페르소나의 상징일 것 같아서 다음 날 다시 만난 그 친구한테 물었더니 잘 아는 교수님이 자신에게 깊이가 부족하다는 조언을 해줬다며 깊이에 대한 숙제가 있다고 했다. 그 말이 나에게도 더 깊은 곳으로 가야 한다는 의미로 이해가 되었다. 생각지 못한 깊이라는 말이 푸른색에서 '깊은 슬픔'을 보았던 예전 생각도 났다. 푸른색은 또 내가 좋아하는 5차크라의 색깔이기도 했다. 5차크라는 지상과 천상, 물질과 영혼, 찰나와 영원이 연결되는 지점이며, 상징을 이해하게 되는 차크라로 알려져 있다.

푸른 문이란 상징에 약간의 들뜸까지 느꼈는데 마침 작은 섬에 가서 하룻밤을 자게 되었다. 작은 섬이어서 저녁을 먹고 나서니 집 뒤에 바로 등대가 있었다. 바다 가까이에 있는 등대에 문이 있는 걸 처음 발견했다. 그 문을 열면 푸르게 빛나는 바다 세계가 펼쳐지거나 푸른 거울 속으로 빨려들어 갈 것 같은 상상을 하며 등대의 문을 배경으로 사진을 찍었다. 등대의 문을 '무의식으로 들어가는 문', '꿈을 여는 문'이라 이름 붙여도 좋을 것 같았다.

리어왕

● 꿈에서 또 알려 주겠지, 억지로 열 수 있는 문도 아닐 것이고 기다리자 했는데, 5일이 지났을 때 잠에서 깨며 갑자기 '리어왕'이 꿈처럼 떠올랐다. (2021년 2월 27일)

여고 다닐 때 리어왕을 읽은 후, 두 딸에게 배신당한 리어왕이 폭풍 속에서 울부짖는 장면에 오랫동안 마음이 아렸다. 까마득히 잊고 지냈는데, 아침에 잠이 깨면서 꿈처럼 그 비극적 장면이 떠올랐다. 그래서 그 기억이 왜 지금인가 알고 싶어서 바로 일어나서 쓰기 시작했다. 리어왕에 대한 기억을 써보면서 알 것 같았다. 배신당한 비극이 리어왕에 대한 상징이었고, 나는 배신당한다는 느낌에 민감했다. 운명이라고 해야 하나, 이미 배신이라는 과업을 들고 지구상에 왔다고 해야 하나? 이미 '입력된 값'이 있구나 하는 생각이 들었다. 그러고 보니 중학교 때는 배신당한 이순신의 마음에 공감한 독후감을 써서 1등을 했던 적도 있다. 이것은 절대 내가 알고 한 것은 아니지만 내 인생을 통과하는 뭔가 '입력된 값'이 정말 있었다는 생각에 소름이 돋았다. 글을 쓰며 떠오른 단어인 '입력된 값'을 그대로 썼다.

폭풍우 속에서 리어왕은 울부짖는다. "폭풍아, 몰아쳐라. 나의 뺨을 찢어라. 사납게 몰아쳐라. 비야, 폭포가 되고 용솟음쳐라. 생각같이 빠른 유황의 불이여, 참나무를 빠개는 천지를 진동하는 뇌성이여, 내 흰 머리털을 태워라. 두껍고 둥그런 이 지구를 쳐서 납작하게 만들라. 인간 창조의 모태를 부수고 배은망덕한 놈을 만드는 모든 씨를 당장에 없애라. 번개불아, 뿜어 올라라. 천둥아, 마음껏 으르렁대라. 비야, 바람아, 천둥아, 너희는 내 딸이 아니지."

정말 왜, 삶의 감언이설에 넘어가 파탄의 노년을 맞아 비통해하는 리어왕의 절규가 여고생에게 각인되었을까? 그것은 내 무의식이 만난 미래의 삶에 대한 비극적 상징이었을까? 펼쳐질 삶의 핵심이 배신에 대한 울부짖음이었을까? 삶에 대한 지식이 없던 내가 생생하게 목격할 미래를 미리 보여준 걸까? 희곡의 몇 장으로 요약된 인생이 허망하고 가엾다. 지혜가 없던 리어왕이 선택한 달콤한 말들은 리어왕의 삶을 배신했다. 스스로 채우지 않고 딸들이 채워주기를 바랐던 그의 노망난 가슴이 그를 버렸다. 18살에 리어왕의 비통한 가슴을 느꼈을 뿐, 그 이유가 스스로를 보지 못한 눈먼 리어왕에게 있다는 것을 알지 못했다. 해답은 숙제로 던져졌고 그 답안지를 65년을 살고 나서 펼쳐보게 되었다.

◆ 흔히 스스로의 잘못으로 인해 불행해지거나 손해를 볼 때 태양과 달, 별들 탓을 하지. 마치 우리가 의지와는 상관없이 악당이 되고 하늘의 압박을 받아 어리석은 행동을 해서 천체의 영향력에 의해서 어쩔 수 없이 악당이나 도둑, 반역자가 된다고 생각하니까.

_『리어왕』대사 중에서

딸들이 배신한 것이 아니고, 자신이 자기를 버린 어리석음이라는 것을 알기 위해서 리어왕은 내면의 비와 천둥이 치는 폭풍이 필요했다. 결국은 그 자신의 신성한 영혼을 대변하는 막내딸의 주검을 부둥켜안고 절규해야 했다. 리어왕은 자신이 배신한 자기를 껴안고 있다는 걸 알았을까.

리어왕은 내 꿈속의 배신들이 사실은 내가 나를 버린 행동이라는 걸 다시 강조해서 알게 하고 있다. 이미 이 지구상에 오기 전부터 들고 온 숙제였다고 알려주고 있다. 이번에도 나를 만나지 못하면 또 어리석은 리어왕의 그림자로 다시 태어날 것이다. 스스로를 믿지 못하여 감언이설과 아첨을 구하게 되고, 배신당하는 꿈과 현실을 만들게 된다. 내가 오늘 만나는 꿈이 열어준 무의식의 무게가 한없이 무겁다.

● 고대 왕족 아이가 어머니랑 적에게 붙잡혀 있는데 탈출을 도모한다. 돕기로 한 유모가 배신한다. (2018년 11월 11일)

왕족 아이와 어머니가 긴 세월을 오랫동안 고대로부터 현대까지 적에게 붙잡혀 박제되어 있었다는 것을 오늘 알게 되었다. 적敵도, 배신한 유모도 내 인격의 부분들이다. 기나긴 세월 동안 지금까지 탈출을 꿈꾸었다는 것도 알겠다. 노예에서 자유를 찾아 탈출하는 출애굽기가 나의 첫 번째 성경공부였던 이유까지 연결되는 순간이다. 늘 배신당했다고 여기던 삶이 사실은 내면의 드라마라는 것을 이해하는 것이 이번 삶의 숙제였다는 것도 다시 알겠다. 내가 나를 스스로 돕는다면 아이이며 어머니인 나는 왕국으로 돌아갈 수 있다. 오래된 꿈이 오늘이라는 현실에서 깨어나는 중이다. 그냥 하찮은 꿈인 줄 알았던 오래된 메시지를 이해하게 유도해 준 것도 꿈이었다. 글을 쓰며 알게 된 꿈이 삶을 관통하며 오래된 무의식의 역사를 한 번 더 펼쳐 주는 것을 깨닫고 있다.

얼룩말과 뱀으로 변한 거대한 바위

● 낯선 장소의 교실 같은 실내에서 유리창을 통해 오른쪽으로 건물만큼 거대한 바위가 서 있다. 앞쪽이 희끗 보인다. 영험한 바위라고 한다. 쳐다보고 있는데 바위가 내가 서 있는 쪽으로 가까워지며 거대한 얼룩말 바위 형상으로 보인다. 머리와 몸통 줄무늬가 선명하고 다리는 안 보인 것 같다. 남편과 남동생이 함께 있었는데 혼자 보고 있다. '뭐지?' 하고 보고 있는데 바위가 왼쪽으로 더 옮겨져서 거대한 뱀 모양으로 보인다. 뱀의 눈 부위에는 붉은 천, 붉은 가루가 칠해져 있고, 촛불도 켜져 있다. 너무 커서 꼬리는 보이지 않고 머리와 몸통만 보인다. 더 멀리 왼쪽에도 똑같은 뱀 모양의 바위가 붉은 눈과 함께 보인다. 크기가 더 작다. (2021년 3월 7일)

만약 이 꿈에서 바위가 아닌 살아 있는 거대한 뱀이 나타났더라면 압도되고 공포에 질렸을 것이다. 그러나 내 정신이 감당할 만큼의 바위 형상으로 동물을 보여준 것 같다. 융과 많은 심리학자가 이야기하는, 길을 떠났을 때 만나는 용과 괴물을 의미할 것이라 느껴졌다. 꿈속에 뱀은 인도에서 신성한 형상 앞에서 붉은 가루로 칠하고, 꽃으로 꾸미고, 촛불을 켜놓고 의식을 하는 모습 같다. 얼룩말의 희고 검은 줄무늬는 그래도 부분적으로 깨우쳐가고 있는 것을 격려하는 의미로 보여준 것 아닐까 생각도 해보았다. 앞으로 그것들이 살아나서 움직이는 모습과 내가 그것들과 함께하는 때가 언제가 될지, 어떤 상황이 펼쳐질지 무섭기도 하고 가슴이 뛰기도 한다.

뱀은 꿈속에 나타나는 초월의 상징이다. 뱀은 고대부터 두려움을 불러일으키고 위험을 상징하는 동물이면서 치료를 의미하기도 했다. 그래서 의사들의 신인 아스클레피오스의 뱀은 나무 끝에 감겨 있어서 땅과 하늘을 중개하는 것을 나타냈다. 지하의 뱀과 비상하는 새는 지상 생활로 연결해 주는 중간 동물의 역할이기도 하다. 그 둘이 합해진 날개 달린 뱀은 초인적이고 초월자적 상징이 되는 것이다. 꿈을 통해 무의식이 조금씩 의식화되면서 내가 얻을 수 있는 것이 무엇인지 보여주는 꿈이다. 뱀과 말은 앞으로 대면하게 될 장애물과 초월에 대한 이해를 알려주는 것 같다. 또한 뱀은 지혜와 예언의 능력도 갖고 있다. 뱀이 지하와 지상의 중재자라면, 빠르게 달리는 말도 날개 달린 말처럼 천상과 지상의 중재자로 초월적 의미를 지닌다.

동물에게 쫓기는 흔한 꿈은 거의 모든 본능이 의식으로부터 분리되어 있어 삶 속에 다시 받아들여지고 통합되고자 하는 것(또는 통합되려고 노력하고 있음)을 나타낸다고 본다. 동물의 혼을 받아들이는 것은 전체성과 충만한 삶을 얻기 위한 조건으로 알려져 있다.

바다를 건너 진주에 도착하다

● 바다를 건너간다. 윈드서핑 모양의 작은 개인용 기구를 타고 줄을 붙잡고 서서 바다 위를 간다. 남동생이 함께였는데 첫 번째 지점에서 빠지고 나 혼자 네 번째 장소에 도착한다. 세모꼴로 뾰족한 작은 섬의 형태인데 찍고 가야 하는 지점이다. 나는 너무 무섭고 지쳐서 꼭대기의 깃발을 쳐다보며 못 올라가겠다고 생각한다. 옆에 넓고 튼튼한 뗏목이 깔려 있고 아이들 두세 명이 훈련 중이다. 뗏목 끝 바다 위에 집이 한 채 보인다. 할아버지가 나타나서 힘들다고 배에 태워 데려다 달라고 하니 승낙한다. 어디서 왔냐고 해서 변산반도가 보이는 목포에서 왔다고 하니 변산반도라면 진주라고 한다. 일단 집으로 따라 들어간다. (2021년 3월 28일)

요즘 꿈은 분위기가 다르다. 자연 풍경으로 바뀌었다. 삶의 근본적 태도와 방법이 변화하는 전환점에서 흔히 물을 건너는 행위가 상징으로 나타난다고 한다. 중요한 변화의 사건이 일어나는 중이다. 그러나 도착지까지 가지 못하고 멈췄다. 도착지가 목포인지 의문스럽고 정확하지가 않다. 체력과 정신력의 한계도 보인다. 긍정적 아니무스가 나타나면서 안내자가 할머니에서 할아버지로 바뀌었다.

지명들이 재밌다. 목포는 남편과 친구들이랑 첫 데이트로 떠났던 장소이다. 그때 돈이 없어서 붕어빵 두 개를 사서 네 명이 나눠 먹었다. 변산반도 채석강은 남편의 고교 동문 야유회를 갔던 곳이다. 처음으로 동문들과 인사했을 것이다. 그때 찍은 스무 살의 내 사진이 남아 있다. 그리고 진주는 우리가 40년 가까이 사는 곳이다. 고향에서 떠나 다른 도시에서 살고 있다는 걸 쓰면서 새삼 인식한다. 떠나온 곳으로 돌아가는 게 목표이다. 고향으로 돌아가듯이 시작했던 곳으로 다시 돌아간다. 목포가 목표라는 말의 비틀기로도 보인다. 당연히 진주는 깊은 바다에서 찾아내는 보물이란 의미도 있겠다.

40년을 살고 있는 진주가 결국 목적지라는 말은 깊은 울림을 준다. 내가 도착해야 할 그 어떤 곳은 멀고 모르는 곳이 아니라 지금 삶을 살아가고 있는 진주여야 했던 것이다. 살고 있는 진주가 내가 소원하는 기적이라는 것이다. 기적은 알려진 성지가 아니고 내가 사는 곳에서 일어나는 것이라고 한다. 가족과 함께 친구들과 함께 일상을 평화롭게 사는 것이 천국이라고 한다. 내가 살아가는 여기 우리 집에서 기적이 일어나지 않는다면 세상 어디에서도 기적은 찾을 수 없다고 말하고 있다.

꿈에서 붉은 윗옷을 바닷물에 헹구는 남자의 장면을 써놓은 메모를 두 달이 지나서야 우연히 발견했다. 꿈을 급하게 적어놓은 메모 옆에 빨래하는 내용이 작게 써진 것을 발견했다. 그것도 옷 색깔이 붉은색이었다. 나에게 붉은색은 상처와 피의 느낌이다. 나의 전략 없는 붉은 열정이 만든 건 고통이었다는 생각을 하며 살아왔다. 바다를 혼자 건너가고 할아버지를 만나고 떠나온 곳으로 돌아간다는 줄거리에 흥분해서 붉은 옷을 빼는 것은 잊어버렸다. 분별없는 열정과 그래서 생긴 상처와 피를 물에 헹굴 수 있어서 다행이다.

4는 융이 전체성의 숫자이며 만다라를 의미한다고 말한 숫자여서 무의식의 힘을 믿는다면 혼자 잘 따라갈 수 있다는 걸 보여주는 것 같다. 내 안의 가능성을 보여주는 아이들도 수련 중이고, 노현자의 모습인 할아버지가 나타나서 기꺼이 돕겠다고 말함으로 희망적이다. 내 마음의 변산반도는 오래된 지층이 쌓여 책이 쌓여 있는 것처럼 보인다 해서 채석강이라 불린다. 오랜 시간의 무늬가 새겨진 바위 풍경을 보여주는 곳이다. 아마도 젊은 시절부터 아니면 더 오랜 기억으로부터 차곡차곡 겹쳐진 시간의 무늬를 발견할 때라는 말인 것 같다.

찾아 본 '변산' 영화는 복고풍의 청춘 이야기였다. 가난한 청춘이 도둑맞았던 꿈과 자신을 버린 아버지와 화해하고 첫사랑을 회복하는 이야기였다. 거기에다 내가 1회부터 9회까지 한 번도 안 빼먹고 챙겨 본 '쇼우 미 더 머니'가 배경이었다. 영화가 시작한 지 얼마 안 돼서 엉엉 울다가 강아지가 놀란다는 핑계를 대며 우는 걸 그쳤는데, 어떤 장면이었는지 생각이 안 난다. 대신 생각나는 건 "옆으로 피해서 사는 모습이 네 아버지랑 똑같다. 정면을 보며 똑바로 살아라"고 김고은이 일갈하는 장면이다. 부정하던 고향으로 마지못해 돌아가고, 그곳에서 치유가 일어나는 이야기였다.

◆ 자신의 그림자를 소유하는 것은 곧 영성을 체험하는 장을 마련하는 것이라 할 수 있다. 성서와 세계 신화는 공통적으로 가장 평범한 장소나 사건에서 신성함을 발견할 수 있다고 가르쳐준다. 신화적으로 표현하면 가장 값비싼 진주는 일상의 갈등과 긴장 속에서 찾을 수 있다. 나자렛에서 어떤 좋은 일이 일어날 수 있었겠으며, 여러분 집의 뒷마당에 무슨 값진 것이 묻혀 있겠는가? 여러분 내면의 그림자에서 그 어떤 좋은 것들이 나올 수 있겠는가? 이상하게 들리겠지만 최상의 보물은 가장 무시되어 왔던 자리에서 발견할 수 있다.

_ 로버트 존슨, 『내면작업』

신성한 소나무

● 중학교 남학생 교실이다. 여선생이 수업을 하는 중이다. 나도 들어가서 앉았다. 여자들이 군데군데 보이고 후배가 옆에 앉았는데, 갑자기 대학원 수업이라고 한다. 옆에 유리창을 열었더니 시원하다. 밖은 산등성이 절벽과 강이 보인다. 앉은 채 의자를 밀며 앞으로 가니 오래된 소나무가 멋진 모양으로 펼쳐져 있어 올려다본다. 옆에 한그루가 더 있다. 베이지색 열매가 영롱하게 보이고 예사롭지 않다. (2021년 4월 2일)

중학생에서 대학원생으로 성장한 것 같다. 대학원생이 되자 창문을 열 수 있게 되었다. 창문을 열자 시원한 바람이 불고 자연 풍경이 나타난다. 소나무가 교실 앞쪽에 있는 걸 발견했다. 가지를 잘 뻗은 오래된 소나무가 내면의 우주를 열어 보여줄 것 같다. 열매인지 꽃인지 빛을 내고 있어서 신비스러움이 있다. 사람들과 정서적인 부딪힘을 보여주던 꿈들에서 바다와 산과 대자연 풍경이 나와서 좀 더 자연과 가까워지고 있음을 보여준다. 당연히 아름다운 자연은 강력한 치유력을 보내주는 초월적 흐름이고, 순환의 상징이다.

내가 꽉 붙들고 있는 물질적인 세상을 놓을 수 있는 깊은 이해가 일어나기를 기대하고, 그 이해를 설명해낼 수 있을 때, 한 번 더 붙들고 있던 것을 내려놓을 수 있을 것이라는 기대를 한다. 땅에 뿌리를 깊게 뻗고 머리는 하늘을 향한 채 팔을 벌린 나무의 가지 뻗음처럼 우주의 리듬에 나를 맡기는 것을 상상한다. 내가 푸른 소나무가 되는 꿈이 내 중심과 고요를 일깨우고 우주까지 통하기를 바란다.

융이 세상을 떠났을 때, 생전의 융이 앉아 있던 정원의 나무가 벼락을 맞아 큰 흉터가 생겼다는 글을 읽었다. 하늘의 불에 의해 나무에 새겨진 기다란 흉터가 융이 우주의 힘의 중심에 도달했다는 신호로 받아들여졌다고 『헤세와 융』에서 미구엘 세라노는 쓰고 있었다. 그저 그 내용에 울컥해서 조금 울었다.

며칠 전 변산반도라는 지명이 나오는 꿈을 꾸고 40여 년 만에 변산을 찾아가 보았다. 내소사라는 절에 갔는데 그곳에 할머니, 할아버지 나무로 불리는 당산목이 있었다. 마침 연두빛으로 빛나고 있는 천년이나 되었다는 할머니 나무를 바라보며 꿈속의 소나무가 생각났다. 변산은 채석강만 생각했는데 내소사에서 아름답고 기품 있는 나무, 그것도 할머니 나무를 보았다.

옛날 의원

● 옛날 집으로 낡은 집이다. 병을 고치는 의원이다. 서광 스님이 가르친 제자들이 많이 있다. 남편과 어린 소이와 함께 갔다. 남편이 먼저 치료받고 나도 치료받으려 한다. 사방이 터진 넓은 정자에 누워서 옛날 옷을 헐렁하게 입은 남녀들이 치료한다. 서광 스님은 손님과 함께 나간다. 나이가 들어서 환자를 보지 않는다고 한다. 뜨거운 물과 약초 달인 물주머니로 찜질 같은 걸 해준다. (2021년 4월 21일)

서광 스님은 내가 좋아하는 명상연구소 스님이다. 연민수업, 자아초월수업도 좋지만, 스님의 솔직담백함도 좋다. 자신의 인간적인 약점을 깨우친 이야기를 해주시는데도 가볍게 느껴진다. 그것이 약점이 아닌 당당함으로 보인다. 같이 수업하는 효림 스님도 순수하고 진실하게 도와주려 하는 게 느껴져서 공부가 잘된다.

3년 전에 연민이란 단어에 끌려서 남편과 소이랑 4박 5일 '자기연민집단수업'을 갔었다. 오대산 입구에 명상 센터였는데, 그 뒤로도 세 번을 더 간 것 같다. 지금도 줌으로 스님의 '자아초월집단수업'을 받는 중이었다. 꿈에서 옛날식으로 치료를 받는다는 것도 몸과 마음의 조화를 위한 자연스러운 시술 같아서 좋았다.

요즘 만나는 반대 성향의 친구를 잘 이해하고 싶은 생각을 했는데, 내 생각을 진실이라고 굳게 믿고 있는 내가 보였다. 전혀 객관적이지도 않고 논리도 없는 내 생각을 진실이라고 하며 버티는 나를 가만히 느껴보니, 그냥 고집을 부리는 것이었다. 진실을 고집이란 말로 바꾸니 부끄러웠다. 고집이라고 표현하니 딱 맞다고 하면서도 그 자리에서 물러나지 않는 내가 느껴졌다. 물러나면 내가 없어질 것 같은 두려움이었다. 문득 내 뱃속에 고집이 심어 있다는 것이 보였다. 껍질에 쌓인 죽순 같은 색깔과 모양이었다. 심어진 걸 표현하고 나니 죽순이 손가락 만한 두께의 네모진 쇠막대로 바뀌었다. 약간 불그스름하게 녹슬어 박혀 있는 것이 보였다. 뱃속에서 버티고 있던 고집은 이제껏 살아오며 필요한 방어였던 모양이었다. 그러나 이제는 그 쓸모가 다하여 이제 내 눈에 보이는 것 같았다.

내 말을 듣던 지인이 "내면아이 모습 같다"라고 피드백을 해줬다. "그런가 봐요. 고집부리고 버티던 아이가 이제 안심하고 모습을 드러내는가 봐요." 그러면서 "쇠막대가 다이아몬드 같은 보석으로 변하면 좋겠어요"라고 말했다. 죽순도 쇠막대도 진짜 내가 아니고 비춰진 이미지일 뿐인데, 그것이 나인 것처럼 좋은 물질로 바꾸고 싶은 집착을 바로 드러내고 말았다.

다행히도 다음 날, "죽순 같고, 쇠막대 같고. 다이아몬드 같은 모습을 보는 나는 어디에 있습니까?"라고 질문하던 스님의 말씀을 기억했다. 가만히 앉아 있으니 몇 년 전 명상 센터에서 가부좌로 앉아 있던 '뼈만 있는 할머니'를 뱃속에서 본 기억이 났다. 내 뱃속에는 할머니도 있었고, 아이도 있었고, 세상 만물이 다 들어 있었던 것이다. 그것을 필요할 때마다 꺼내 보고 있는 것은 나였다. 오늘은 5월의 마지막 날, 붉은 장미 한 송이를 보는 걸로 선택했다.

'뼈만 있는 할머니'를 발견 한 날, 눈동자가 커다랗게 클로즈업 되던 우리 강아지도 만났다. 강아지의 눈을 마주친 찰라, 느낀 건 '강아지가 내 아기였구나'였다. 그래, 한 집에서 같은 침대를 쓰며 늘 간식 달라고 애원하는 눈빛으로 나를 쫓아 다니던 강아지가 그냥 인연이 아니었겠지. 지금 같이 늙어가느라 다리를 절룩이며 좋아하는 산책도 못 하는 우리 강아지는 유산한 나의 아기였다. 어떻게 알았는지 소이가 강아지를 맡겨서 내 보속補贖 하나를 시킨 것 같다. 다행스러운 일이었다.

몇 년 전에 길을 잃고 헤매는 강아지를 친구 집에서 키우도록 주선한 적이 있는데 이름이 장군이었다. 또 한 번은 길 잃은 강아지의 목걸이를 보고 주인을 찾아주기도 했는데 이름이 똘이였다. 그래서 내가 똘이 장군을 구한 거라고 뿌듯했었다. 모두 나랑 어떤 인연들이 있었던 것이다. 똘이 주인 언니한테는 그해 성탄절에 케이크 쿠폰을 선물 받았다. 똘이 장군에게 집을 찾아 준 일이 이번 삶에서 제일 잘한 일이란 생각이 든다.

저금통장

● 우리 가족이 10년간 살던 아파트였고, 딸 소이가 중학교와 고등학교를 다니던 아파트다. 장난감을 버리려고 현관에 잔뜩 쌓아 두었다. 쓰레기 봉지에 넣어 버려야 될지, 장난감을 모아버리는 데가 있는지 고민한다. 헬리콥터 장난감이 너무 커서 쓰레기 봉지에 담으려다 꺼내 둔다. 버리려던 쓰레기 봉지를 보니 백 원짜리 동전이 들어 있어서 꺼낸다. 일곱 개, 여덟 개 자꾸 나온다. 통장까지 있어서 보니 이천만 원인지, 이백만 원인지 한참 보는데 이천만 원이다. 어리둥절하며 하마터면 버릴 뻔했는데 다행이다. (2021년 5월 1일)

그러고 보니 그 아파트에서 서른다섯 살 늦은 나이에 문예창작과를 다니고, 대구까지 미술치료대학원도 다녔다. 하고 싶은 말이 많아서 시인이 되고 싶기도 했었다. 칼 로저스의 큰 딸인 나탈리 로저스의 인간중심 표현예술 집단에 참석하느라 세 차례나 캘리포니아에도 갔고, 안나 할프렌의 타말파 동작치료도 배웠다. 현관에 잔뜩 모아 둔 장난감은 아이들 것이 아니고 내가 배우러 다녔던 공부라는 핑계의 놀이를 뜻하는 것 같다. 우리 집 아이들은 뭐 하는지도 안보고, 내가 더 즐거운 놀이에 심취했던 시절이다. 그것들을 이제는 버리려고 하는데 쓰레기 봉지에서 생각지 못한 예금통장이 나온다. 동전 몇 개겠지 하며 주워 올리는데 거금이 나왔다. 정신도 없이 찾아다니며 공부했던 그 시간들이 아주 헛된 것은 아니었다는 이야기일까?

생각하면 꿈에 대한 이해가 갑자기 일어난 것은 아닐 것이다. 보이는 목표지점이 있는 줄 알았던 욕망이었다. 보이지 않는 세상을 알고 싶다면서 물질적 욕망으로 한세월이 갔다고 씁쓸했는데, 그 시기에는 꼭 필요했다고 위로받는 것 같다. 아이 때는 장난감으로 잘 놀듯이 나도 그때는 그 공부들이 필요했다고 말해주는 것 같다.

그 시절의 젊은 여자는 반복해서 꿈속에 나타나서 피해 다니면서도 슬펐다. 이제는 그 옛집에 정당하게 들어와서 청소와 정리를 하고 있는 것으로 보인다. 가슴을 쓸어내리며 안도감을 주는 꿈이었다. 아이들을 돌보지 못하고 혼자 놀기 바빴던 젊은 여자, 다시 마주치는 게 괴로웠던 그림자를 오늘 긍정적인 마음으로 볼 수 있었다. 헬리콥터 장난감은 하늘을 날아볼 수 있도록 누군가에게 영감이 되는 상징일까? 나의 작은 힘으로 나름 고군분투했던 구체적인 이야기일까? 너무 커서 쓰레기봉투에 담을 수 없어 보이는 데다 꺼내서 버릴 수밖에 없다. 젊은 시절, 어떤 시간이 쓸만해서 쓰레기봉투에 담지 않고, 봉투 바닥을 보게 했을까.

● 갑자기 지나가던 우체국에 보험을 넣었던 생각이 나서 확인한다. 이미 만기가 된 것과 또 하나가 있다고 한다. 옆에 다른 은행도 가본다. 전기가 나가서 일을 볼 수 없다며 확인해서 알려준다고 한다. (2019년 8월 19일)

연결해서 생각난 예전 꿈이다. 못 찾은 은행의 예금통장을 2년 후 꿈에서 발견한 것 같아 신기했다. 우체국에 보험이 하나 더 있다는 것이 다행스럽다. 사람들과 관계가 중요했던 나에게 우체국은 여러 가지 연결을 의미할 것 같다. 나와 너, 나와 신神, 나와 그림자, 나와 돈, 나와 소통하는 세상이다. 은행에서 끊겼던 내면의 전원이 요즘 다시 연결되면서 생명 에너지를 회복하게 된 것 같다. 그때는 스스로에 대해 실망하고 허무해하던 때였다. 다시 연결된 정신 에너지가 어두워진 내면에 불빛을 밝게 켜 줄 것이다.

소이가 자주 꿈에 나타난다

● 어떤 질문을 두 개 받고, 물로 두 번 다이빙한다. 깊거나 큰 호수는 아니다. 소이랑 바닷가를 걷다가 멈춰서 소이는 뭔가 글을 쓰고 예전에 왔던 집을 보며 방파제를 걸어가는데, 길이 좁아지며 떨어질 것 같다. 화정 선생님이 와서 같이 가니 괜찮다. (2021년 5월 15일)

어른이 된 소이가 꿈에 계속 나타나고, 함께 있어서 얼떨떨하면서도 기쁘다. 질문이나 답에 대한 꿈들도 구체적인 내용은 모르지만 계속 두 가지로 나타나고 있다. 의식과 무의식으로 나뉘어 말하는 것인지, 아직은 하나가 되지 못한 대극쌍을 의미하는 건지 잘 모르겠다. 오늘 꿈은 둘이면서도 하나인 소이와 나를 생각하게 한다. 몇 년 전에 성스러운 산 앞에서 '소이와 내가 똑같아요'라고 말하던 꿈을 생각나게 한다. '소이가 내 그림자를 다 보여주고 있어요'란 말도 했었다.

현실에서 화정 선생님에게 심리적인 도움을 많이 받고 있는데 선생님의 세례명도 딸과 같았다. 그 녀의 지혜롭고 돕는 부분이며, 나의 긍정적인 부분이 발현한 모습이겠다. 바다 가운데로 난 길을 걸어간다는 것도 무의식의 길을 가고 있는 것을 나타낸다.

● 아들도 아이를 낳아서 키우고, 소이도 가까운 집 이 층 방에서 쌍둥이를 낳아 키우고 있다. 한 아기는 누워 있고 한 아기는 앉아 있다. 아기를 보듬으려는데 하나를 보듬으면 다른 한 명이 샘내서 칭얼거린다고 한다. (2021년 5월 17일)

내 아이들이 또 아이를 낳았다는 건 새로운 창조물과 영성을 의미하는 것일까? 늘 5, 6살에서 크지 못하고 아이로 나타나던 딸과 아들이 그들도 아이를 키우는 어른이 되었다는 생각이 들어 조금씩 성장해 나간 정신의 과정이 보이는 것도 같다. 소이가 키우는 쌍둥이는 서로 샘을 내느라 칭얼대고 있다. 내가 누운 아기를 보듬으려다 눈치를 보며 어쩔 줄 모르는 상황이 소이와 내가 서로를 비추는 거울 이미지와 겹쳐서 이해되기도 한다. 하나가 누워 있으면 하나는 앉아 있고, 하나가 즐거워하면 하나가 울먹거린다.

쌍둥이가 함께 있는 것은 통합의 공간이 마련되어 있는 것으로 보인다. 고대 인도에서나 희랍에서도 아이를 분만하는 상징이 의식의 각성과 결부되어 나타난다고 했다. 쌍둥이는 유명한 영웅 신화의 네 번째 단계로 알려져 있으며 천하무적이어서 교만하게 굴다가 죽음에 이른 희생 영웅의 상징이다.

● 숙소에서 소이랑 각자 여행용 가방에 짐을 싼다. 동생이 와서 내 짐에서 필요 없는 것을 골라 버려주며 가방 싸는 걸 도와준다. 소이랑 나는 집으로 가기 위해 비행기를 탈 것이고, 동생은 다른 길로 자기 집으로 갈 계획이다. (2021년 6월 2일)

꿈속에서 늘 버려두고 챙기지 못했던 아이, 소이가 한 달 사이의 꿈에서 중학생이 되고 처녀가 되었다. 같이 공부도 하러 가고 여행도 하고, 이제 쌍둥이 아기까지 낳은 꿈으로 바뀌었다. 오늘은 여행에서 집으로 함께 돌아오는 꿈이었다. 리어왕이 자신의 진실되고 순수한 상징인 막내딸을 내침으로 비극이 시작되듯이 나의 어리석음도 아이를 잃어버리는 꿈으로 나타났다. 꿈속의 아이가 의미하는 중요성을 깨달았을 때 꿈속의 아이는 성장하고 변화했다. 현실에서는 엄마랑 말도 안하고 싶다며 영국에 가서 살던 딸에게서 메일이 왔다. '엄마는 잘 지내냐고.' 꿈이 먼저인지 현실이 먼저인지 모르겠다. 먼저를 따지는 건 필요 없는 일이다. 현실과 꿈은 앞서거니 뒷서거니 함께 가고 있다는 게 맞을 것이다. 내 깊은 무의식이 어디에 닿아 있는지 알지 못한다. 그러나 어디엔가 시·공간이 없는 세상에 닿아 있다는 건 사실이다. 나는 지금 그 보이지 않는 세상을 보며 보이는 세상에서 살고 있다.

벽 없는 벽과 문 없는 문

● 식당이다. 오래된 집의 원래 구조에 입구 앞쪽만 다시 꾸몄다며 둘러 보자고 들어간다. 왼쪽 벽면에 신화 내용의 영화 사진이 쭈욱 붙어 있다. 내가 신화의 내용을 설명하는데, 갑자기 시내에서 모임을 끝낸 아내를 데리러 가게 된다. 돌아오는데 마차를 탔고, 오늘 이사를 한 성을 처음 찾 아간다. 아내는 왕비이다. 칠흑 같은 어둠 속에서 '벽 없는 벽'을 더듬어 '문 없는 문'을 찾아야 한다. 누군가를 소리쳐 부를까 하는데, 보이지 않 는 문고리가 손에 잡혀 문을 열고 들어간다. 정원이 조금은 보이지만 어 둡다. 갑자기 검고 작은 개가 대여섯 마리 덤벼든다. 칼을 휘두르는데, 검 고 큰 우리 개가 나타나 싸우자 다른 개들이 다 도망간다. 큰 개가 지친 듯 바닥에 엎드려 있어 가서 쓰다듬는다. (2021년 5월 3일)

내 마음의 알 수 없는 깊은 심층과 접촉이 일어난 것 같다. 깊고 캄캄한 세계가 열리고 무의식의 층위에서 여자였던 내가 남편이며 왕으로 바뀌는 변화가 일어났다. 성문을 열고 들어가 검은 개라는 장애물을 만났을 때 혼자 힘으로는 이길 수가 없다. 그때 큰 개가 나타나서 주인을 도와주는 장면은 무의식적 힘이 협력해주는 것을 가리킨 것이다. 지친 개를 쓰다듬어 주는 것도 보살피는 태도로 수용적이다. '벽 없는 벽'과 '문 없는 문'이 칠흑 같은 어둠과 함께 신비하고 아름답게 느껴진다. 어쩌면 푸른 문이 열렸다는 생각도 들었다.

꿈에서 위협적인 동물과 싸우는 것은 심오한 본능적인 면이 필요하다는 의미로, 의식이 지닌 문명화된 태도와 본능적인 면의 갈등이다.

나는 처음에 아내였는데 남편으로 변했다. 왕이 된 남편은 왕비를 이사한 성으로 데려가고, 공격해오는 검은 개떼를 물리쳐준다. 여기서 남편으로 변화한 것은 긍정적 아니무스의 출현이며 안내자 역할까지 해주고 있다. 한치 앞도 보이지 않는 검은 배경은 아주 깊은 무의식을 의미할 것이다. 그곳에서는 '벽 없는 벽'과 '문 없는 문'을 더듬어 성城 안으로 들어간다. 존재하지 않으면서 존재한다는 깊은 삶의 은유를 보여준다는 생각이 들었다. 의식의 층위에서는 이해할 수 없는 내용이다.

꿈속에 나타나는 개는 또 다른 세계, 꿈이 원하는 곳이나 무의식 세계로 안내한다. 실제로 세계의 모든 종교에서 개는 죽은 사람을 저승으로 인도하는 역할로 나타난다.

올해 1월 말에 남편이 나오는 반복적인 꿈을 이해하면서 긍정적으로 바뀌기 시작한 꿈속의 남편이자 아니무스는 4개월이 지난 오늘 꿈에서 왕이 되어서 왕비가 된 나를 '성 없는 성'으로 데려가는 기적을 일으키고 있다. 무의식 여정에서 장애물을 물리치는 지혜롭고 용감한 남편이 되었다.

실제로도 요즘 남편은 이전과는 많이 달라졌다. 집안일도 잘 도와주고 부탁도 기꺼이 들어주고 상냥하고 친절해졌다. 현실에서 새롭게 더 좋은 일이 생길 것 같아서 기대된다.

오래된 집을 앞만 수선해서 영업 중인 식당은 예전에 뒤쪽에 동굴로 된 신전을 품고 있던 낡은 집 꿈을 연상하게 한다. 뒤쪽에 있던 동굴 신전이 신화 사진을 진열한 식당으로 나타나고, '문 없는 문'을 열고 들어가는 성으로 변한 것 같다. 사람이 성전이라는 성경 말씀처럼 신전을 품고 있다는 것은 신의 말씀을 따라 사는 왕족이라는 의미일 것이다. 푸른 문은 보이지 않는 성의 보이지 않는 문이었고, 그 문이 열렸다.

꿈은 여전히 내게 말을 걸어온다

● 과학자가 사는 집을 지나가서 도착하는 아름다운 장소인데, 집 옆으로 가는 길도 생겼다고 해서 가고 있다. 갑자기 내가 이사한 집이라며 신성한 산을 마주 보며 서 있다. 절벽에 세워진 성벽에 서 있는 느낌이다. 밑에는 강물이 흘러가고, 맞은편에 뾰족한 봉우리의 신성한 바위산이 마주 보인다. 가운데 봉우리는 더 높고, 양쪽으로 조금 낮은 봉우리인데, 불그스름한 색과 노르스름한 색이 섞여 있다. 가운데 봉우리는 큰 눈 같은 형태가 보인다. (2021년 6월 24일)

산은 네팔에서 본 안나푸르나의 어떤 봉우리 같다. 해가 질 무렵 포카라에서 본 마치푸차레 봉우리 같다. 불그스름한 산봉우리가 두건을 쓴 거대한 사람이 양팔을 벌리고 있는 모습으로 보여서 놀랐었다. '내가 지금 뭘 보고 있지?' 하며 믿기 어려웠던 그 광경이 기억나는 꿈이었다. 신께서 하늘을 등지고 세상을 굽어보며 팔을 펼친 모습으로 나한테 '이래도 못 믿겠느냐?' 하는 것 같았다. 신이 살고 있는 나라여서 네팔이 성스러운 나라로 알려져 있는가 보다 생각하며 다음에 꼭 다시 와야지 하고는 가지 못했다.

자연이 드러내는 웅장함과 아름다움은 사람들에게 신비함과 경외감을 준다. 눈에 보이는 것만 믿는 과학자의 집을 통과하여 자연을 접했다는 내용은 바로 내가 만났던 신이란 생각이 든다. 보여주면 믿겠다고 떼쓰던 내가 다행히 과학자의 집을 지나쳐 가는 길을 발견했다. 그 길은 왼쪽으로 돌아가는 길이었고, 나는 문득 절벽이 높은 성에 서 있다. 왼쪽은 무의식으로 가는 길이며 상상력의 내적 세계로 향하는 길이다. 의식과 내적 세계의 경계를 건너면 치유의 성안에 도달하게 된다. 그 성의 맞은편에는 다시 가서 보고 싶었던 신비로운 산과 신의 형상이 펼쳐져 있다.

꿈은 여전히 말을 걸어온다. 아직도 무의식의 나는 의식의 나와 소통하고 싶은 것이 많은 것 같다. 나는 계속 왼쪽 길로 걸어가는 중이다. 아주 오래전 너와 나로 갈라져서 둘이 되기 전의 하나였던 나에게로 돌아가는 중이다. 이 여정의 끝을 처음 시작했던 나에게로 가져다 놓으려고 한다. 빛과 어둠, 순수함과 더러움, 선함과 악함, 우월감과 열등감, 존중과 무시, 주는 것과 뺏는 것, 헌신과 착취, 친절과 잔인 그 모든 것이 함께 있는 자리에 내가 있다. 나는 무의식에서 성의 주인인 왕이고, 의식에서는 평범한 아내이고 엄마이다.

전날 꿈에서도 보이지 않는 누군가와 함께 왼쪽으로 둥글게 휘어지는 길을 향해 두 번째로 걸어 들어가는 꿈을 꾸었다. 한번 돌았던 왼쪽 길을 다시 가는 것은 더 깊은 무의식으로 들어간다는 이야기일 것이다. 꿈은 최선을 다해 모든 신비를 보여주고 있는 것 같다. 깊은 무의식의 손짓이 더없이 반갑고 고맙다는 생각이 든다.

생각날 때마다 꿈속처럼 그 산을 마주 보며 서 있어 본다. 산이 거대한 독수리처럼 날아오르려는 것을 보기도 한다. 나는 점점 작아져서 보이지 않게 되고 날아오른 독수리가 하늘을 뒤덮는다. 거대한 우주에서 하나의 점이 된 내 흔적을 보며 왠지 눈물이 나기도 한다. 그러면서 신의 손짓이 무의식의 손짓과 더불어 나를 부른다. 나는 희망과 용기를 지니고 그 광대한 우주 속으로 발걸음을 내딛는다.